U0905792

中國家歷史

人民东方出版传媒
東方出版社

指导专家：（按姓氏笔画排序）

卜宪群　马世力　王子今　王斯德　任鹏杰　苏　浩
李少兵　李月琴　李宏图　李继锋　沈海涛　张　进
张　诚　张建华　陈　理　陈仲丹　陈红民　陈祖洲
陈晓律　陈谦平　周巩固　赵亚夫　胡阿祥　柳文全
祝宏俊　徐　坚　梅雪芹　廖晓晴

主　　编：刘　军

本册主编：李　杰

目录 CONTENTS

国家记忆·教科书

日本历史教科书关于中日战争的书写及评析 / 史桂芳 002

表里之间：德国历史教科书中的二战史 / 沈辰成 孟钟捷 020

1932 年朝鲜教科书事件 / 陈红民 胡馨仪 038

以古鉴今·名人的育子经

宰相世家，克继玄成——父子宰相张氏家族的教育 / 黄益 052

袁世凯的育子经 / 傅平 071

一门三院士——梁启超的育子经 / 傅平 081

一嫡一庶：朱元璋的两种教子方式 / 张景瑞 092

历史探索

想象中的胜利——普法战争初期的法国漫画 / 刘铭 108

丢勒作品《骑士、死神、魔鬼》中骑士形象解读 / 田芳宁 125

从危文绣改嫁风波看中国妇女解放的艰辛历程 / 周利成 144

汤泡馍的前世今生 / 杨全 160

专题叙事

奥地利的历史教师教育 / Alois Ecker 徐立新 174

专家视野

从历史学、文化学角度看抗日神剧——王卫星、李昕专访 186

国家记忆·教科书

日本历史教科书 关于中日战争的书写及评析

文 | 首都师范大学历史学院　史桂芳

1945 年日本战败投降，在美国主导下，日本实行了以民主化、非军事化为目标的改革，教育改革是其中的重要组成部分。作为教育改革的内容之一，教科书的编写、使用也随之变化，小学到高中的教科书逐渐从“国定”过渡到“审定”，摒弃了军国主义内容。然而，日本国内始终存在着否定历史的思潮，并影响到学校教育。20 世纪 50 年代以来，日本出现了三次历史教科书“改恶”事件，中国各界对此给予了高度关注，对教科书“改恶”事件非常愤慨，但是，很多人对日本教科书的编写内容和使用情况不甚了了，难以进行有针对性的驳斥。有鉴于此，本文以 2013 年日本文部科学省审定合格的高中历史教科书为对象，在阐述日本教科书编写、审定、选用制度演进的基础上，分析其正在使用的高中历史教科书关于中日战争的书写、叙事方式，客观、全面地展示日本历史教科书的编写、使用及历史教育的现状，分析日本历史教科书的编写与战后民主化改革的关系，剖析日本历史教科书“改恶”的社会原因。

战后日本教育改革与教科书审定制度

至战败前，日本中小学教科书一律由文部省（现在的文部科学省，图 1-1）组织编写，即“国定”教科书。20 世纪 30 年代，日本发动侵华战争后，中小学的修身、国语、音乐、美术等教科书中，充斥着歌颂士兵“精忠报国”“舍生取义”等宣传军国主义的内容。战后美国主导了对日本的非军事化、民主化改革。当时，由于战争刚结束，来不及编写新的教科书，于是在 1946 年 1 月 25 日，日本颁布了“涂抹教科书令”，要求涂抹掉教科书中的军国主义内容。

图 1-1 日本文部科学省

1947 年 3 月，日本公布《教育基本法》，文部省根据《教育基本法》颁布《学习指导要领》，规定小学到高中的教学方针、教学内容和教科书审定标准等，日本进入民间可以编写教科书的时代，形成“国定”教科书与民间编写、文部省“审定”教科书并行的局面。至 20 世纪 50 年代后期，小学至高中教科书全部由民间编写，“国定”教科书彻底退出历史舞台。

现在日本的小学到高中的教科书，由相关出版社根据《学习指导要领》组织编写，完成后送文部科学大臣审定。文部科学省审定合格的教科书，出版社可在社会上进行广告宣传，争取更多的学校选用。日本教科书的选择、使用，因学校性质而异：公立学校由所在学区的教育委员会决定，国立或私立学校由校长决定。各校将选用的教科书名称、数量等报给文部科学大臣，文部科学大臣告知各出版社发行数量。出版社根据选用数量印刷，送至选用的学校。

日本高中历史课程有世界史 A、B 和日本史 A、B，其中 A 是近现代史，B 是通史，学生必须在世界史 A、B 和日本史 A、B 中各选一门，A 为 2 个学分（一个学分需要上 35 节课，每节课 50 分钟），内容比较简单；B 为 4 个学分，授课时间和内容比 A 多一倍，且 B 的内容也比 A 丰富。世界史 B 和日本史 B 是大学入学考试科目，所以选择使用世界史 B 和日本史 B 的学校占多数。

《学习指导要领》是概况性的，在教科书的编写方式、内容详略、历史评价等方面没有规定，这给编写者留下了较大的发挥空间，也造成不同版本教科书内容上的差异。山川、实教、东京书籍、清水书院、明成社等五家出版社编写的《日本史 B》得到日本较多高中的选用，故本文以这五家出版社编写的教科书为对象，重点对其中中日战争的内容、观点进行梳理，分析日本历史教育与教科书的编写、使用状况，揭示日本人的历史记忆与历史认知。

历史教科书关于中日战争的书写

中日战争是日本近代史的重要内容，历史教科书对此着墨较多，但是，各家出版社编写的教科书，对其中的重要事件、重点人物的阐述以及基本史实评价等，却存在着较大的差异。

（一）九一八事变。九一八事变是日本侵华战争的起点，也是日本近代史上的重要事件，各历史教科书对事件的原因、进程、结果等做了系统的论述，基本上承认了炸死张作霖、策划“柳条湖事件”、扶植伪满洲国、图谋将东北从中国分裂出去的事实，但是在具体书写和历史评

图 1-2 九一八历史博物馆“残历碑”

图 1-3 九一八事变柳条湖爆破地点碑

价上，却存在着较大的差异。

山川出版社的《详说日本史 B》认为是关东军在奉天郊外擅自炸毁返回满洲的张作霖列车，而后又在 1931 年炸毁奉天郊外柳条湖附近的南满铁道，并反诬中国军队所为，开始军事行动。片面强调关东军与日本中央政府决策的差异，忽视关东军与日本政府在向东北扩张上的一致性。与山川出版社不同的是，实教出版的《高校日本史 B》强调日本政党、财阀、媒体等及相关右翼势力与关东军在侵占中国东北上的一致性，即九一八事变前日本国内就形成了高度的舆论一致。东京书籍的《新选日本史 B》认为伪满洲国的建立是"关东军推进新国家建设"，有意模糊伪满洲国傀儡政权性质，淡化战争责任。清水书院出版的《高等学校日本史 B》，则将东北易帜与中国人民的收回利权运动渲染为"满蒙危机"，认为这威胁到了日本的利益，从而为日本的侵略行径开脱责任。明成社的《最新日本史 B》特别强调满洲反日运动高涨，伤害日本侨民和权益事件增多，将中国政府实行革命外交，导致日本在中国利益受损作为关东军策划九一八事变的原因，淡化日本的侵略本质。

综上所述，日本高中历史教科书关于九一八事变的书写是基本符合史实的，有一些值得肯定的地方：如承认日本想把东北从中国分离出去的企图、指出伪满洲国是傀儡政权等。但同时也应该看到其中存在着避重就轻、减轻日本责任的倾向：例如将责任推卸给中国的排日政策、以“建设新国家”的理想粉饰关东军在东北的侵略活动等。

图 1-4　日本炮弹在宛平城墙上留下的轰炸痕迹

（二）卢沟桥事变与日本全面侵华战争。日本学界在历史叙述中常常将 1931 年九一八事变到 1937 年卢沟桥事变前这一段历史称为“满洲事变”，将卢沟桥事变以后的历史称为“日中战争”。各教科书梳理了 20 世纪 30 年代中期的国际形势及日本的对华政策，认为德意日三国同盟、华北事变、西安事变等，是卢沟桥事变爆发的重要背景。但是关于卢沟桥事变及其战争扩大的原因等，叙述则各有不同。

山川出版社的《详说日本史 B》强调日本政府迫于军部压力而增兵华北，中国也做出坚决抵抗的姿态，暗示卢沟桥事变演变为全面战争

图 1-5 卢沟桥

不仅有日本方面的原因，中国政府的对策也预示着战争不可避免地扩大。实教的《高校日本史B》交代了日本没有发表宣战布告，就与中国进入全面战争状态（日中战争）。其在介绍这段历史时着墨不多，但信息量很大，为教师课堂教学留下了很大空间。东京书籍的《新选日本史B》则只是以简短的文字，将卢沟桥事变到抗日民族统一战线建立的过程呈现出来。清水书院的《高等学校日本史B》指出日本实际扩大战争却没有宣战的原因，认为如果宣战称为日中战争，就会断绝从美国等中立国输入的石油等物资。明成社的《最新日本史B》列举了1937年7月末在北京郊外发生通州事件[1]，8月在上海发生的杀害日本海军中尉大山勇夫事件等冲突，认为卢沟桥事变后，中国人不断制造事端，威胁了日本侨民的人身安全，迫使日本政府不得不放弃“不扩大方针”。

卢沟桥事变后，日本挑起全面侵华战争，这次事变在近代中日关系发展中具有重要影响。各教科书对卢沟桥事变着墨不多，却对事件的背景、影响等表述得十分清晰，论述基本符合历史事实，应该加以肯定。但在探讨卢沟桥事变发生后日本政府很快改变“不扩大”方针的原因时却有失偏颇，一些教科书认为日本是不得已而扩大战争，这无疑是在为日本的侵略行径开脱。

（三）南京大屠杀及日军暴行。日本历史教科书对日军暴行记述不多，比较而言，实教出版的《高校日本史B》记述的比较多，书中记述日军12月占领首都南京，发生了被称为“历史之窗”的南京大屠杀事件。国民政府将首

[1] 通州事件：1937年7月29日，驻守通州的伪军冀东保安队发生起义，进攻日军守备队和特务机关，俘虏了殷汝耕（冀东保安队撤退时殷汝耕逃走），摧毁日军汽车十余辆，杀死百余日本侨民，是为通州事件。日方称之为“通州大屠杀”。至今日本右翼仍然大肆渲染此事，主张教科书中应写“通州大屠杀”。

都从汉口迁移到重庆继续抗战。日军面对中国军民的抵抗，从 1940 年到 1943 年，在华北抗日根据地进行了“三光作战”。日本的 731 部队把基地建在中国东北哈尔滨附近的平房区进行细菌战、毒气战等研究和实验，3000 名中国人和俄国人成为实验材料，在中国各地不断实施细菌战；在广岛县的大久野制造毒气弹，用于实战；在中国国内生产鸦片，在占领地贩卖等，教科书不仅叙述了南京大屠杀，还有毒气实验、使用化学武器、在敌后抗日根据地进行“三光作战”等，记述了侵华日军屠杀、践踏生命的罪行。

其他版本教科书对于日军暴行的记载则相对较少：东京书籍的《新选日本史 B》对日军在南京的暴行只做了非常简单的记述，书中记述占领南京时，日军杀害了包括女性、儿童在内的很多中国人，受到很多国家的谴责，而对南京以外地区日军的战争暴行则只字未提。清水书院的

图1-6 日军在南京仙鹤门一次性杀死4000名中国军民（此数在日军伊东正喜部队写真帖公布）

《高等学校日本史 B》提到日军在共产党控制区域，不加区分地屠杀士兵和平民，实行掠夺、放火等。书中对日军在抗日根据地的烧杀抢掠只做了非常简要的叙述。

日本教科书对日本战争犯罪的叙述呈分化状态，有的叙述比较详细，有的只是一笔带过甚至只字不提。这也反映了日本学界、日本政府对侵华暴行存在争议的实际情况。在叙述日军暴行的教科书中，只有实教出版社直接称为“南京大屠杀”事件，东京书籍、清水书院都用了“南京事件”的表述。山川出版社、明成社都没有涉及南京大屠杀和日军暴行。另外，所有教科书，都没有涉及大屠杀的人数。

图 1-7 汪精卫

（四）日本侵华政策调整与扶植傀儡政权。卢沟桥事变后，日本企图速战速决，然而中国全民族抗战打破了日军的战略计划，日本政府不得不调整侵华策略。1938 年 11 月 30 日，日本御前会议出台《调整日华新关系的方针》，提出“在互惠的前提下，实行日、满、华的善邻友好、共同防共、经济提携”等三原则，在此原则下，“建设东亚新秩序”。这改变了日本政府过去“不以国民政府为对手”的方针。历史教科书对这一政策调整及影响都做了叙述。

山川出版社的《详说日本史

B》的记载相对比较详细：

1938年末，日本政府声明，战争的目的是建立日、满、华三国联合的东亚新秩序。国民政府要人汪兆铭（精卫）秘密离开重庆，1940年统一各地傀儡政权，在南京建立了以汪为首的新国民政府。但是，由于汪政权缺乏实力，日本结束战争的政略失败，国民政府从美、英的援蒋道路获得物资继续抗战。

该书简要介绍了日本“建设东亚新秩序”政策、汪精卫逃离重庆建立汪伪政权的过程。

其他教科书的记载则相对简略，但除实教出版社的《高校日本史B》以外，东京书籍的《新选日本史B》、清水书院的《高等学校日本史B》、

图1-8 波茨坦会议

明成社的《最新日本史 B》等都对日本“建设东亚新秩序”声明的背景、内容、影响做了分析，认为日本调整侵华政策，扶植汪精卫政权。但是，汪伪政权缺乏实力，它的建立反而强化了中国人的抗战意志，最终致使日本早日结束战争的计划落空。山川出版社虽然没有直接指出汪精卫政权的傀儡性质，但是认为汪精卫政权是将各地傀儡政权统一起来后建立的，自然不可能独立自主。明成社还提到了《日华基本条约》，认为这个条约是日本支持汪精卫建立新政权的条件，也就不难理解条约内容是有利于日本的。

（五）中国抗战的作用与日本战败投降。各教科书用较大的篇幅叙述太平洋战场后期的情况、雅尔塔会议、《波茨坦宣言》、日本投降等内

图 1-9 1945 年 9 月 2 日，日本代表在“密苏里号”舰上签署日本投降文件

容。与前面对中日战争相关内容的书写不同的是，各教科书对日本战败的书写相似度很高。但山川出版社的《详说日本史 B》中提到 9 月 2 日，在东京湾的美军“密苏里号”舰上，日本政府以及军方代表在投降书上签字，历时 4 年的太平洋战争结束。实教出版的《高校日本史 B》中提到 9 月 2 日，日本在东京湾的美国军舰“密苏里号”上签订投降书，太平洋战争结束。这些叙述都只提到了太平洋战争的结束而不提中日战争，其他版本的教科书中的记载也基本相同，这是对中国在世界反法西斯战争中作用的明显低估和刻意抹杀。

日本近代奉行对外扩张政策，1945 年战败投降为其政策画上了句号。各教科书认为日本战败投降主要是原子弹的作用。对于苏联出兵，则强调苏联单方面撕毁日苏中立条约参加对日作战，认为苏联“侵入”了中国东北、朝鲜。各教科书都没有阐述中国抗战的作用。东京书籍、清水书院的教科书中提到日本战败，是九一八事变、卢沟桥事变以来中日战争的结束，将日本战败与侵华战争的关系做了交代，但其并不认为中国坚持持久抗战，是打败日本的重要原因，没有将中国抗战与太平洋战争、世界反法西斯战争联系起来分析。教科书忽视中国抗战的作用，是日本学者历史认知、历史研究的真实反映。

总之，日本教科书编写不可避免地带有日本立场。在中日战争这部分内容中，教科书不同程度地存在着淡化甚至消除日本的战争责任，为侵略战争“洗白”的问题，关于战争的原因、战争的进程以及影响等，都有责备中国排日、反日的内容，不能不引起我们的警觉。

日本历史教科书书写与教科书“改恶”事件

明治维新后，日本确立了“文明开化”的国策，希望通过学习西方

图 1-10 《高轮牛町胧月景》描绘了明治维新时期日本的蒸汽机车，是日本“文明开化”的产物

先进的科学技术来摆脱民族危机。然而日本学习西方并不彻底，保留了许多封建残余：在战争结束前，学校教育以《教育敕语》为圭臬，向学生灌输“忠君爱国”的落后思想。战后日本在美国的主导下，实行教育改革，历史教育要贯彻民主、自由的原则，秉承“传承文化特色，培养历史思维能力，养成具有积极生存于国际社会日本国民的自觉与资质”的理念，这是战后日本民主化改革和教育改革的直接成果，是现在教科书能够客观叙述历史的重要原因。现在，日本高中历史教科书关于中日战争的叙述基本符合事实，注重日本国内外形势发展演变，对日本外交

政策的影响，对涉及中日战争的个案、主要政策、重点人物、党派活动等，都进行了清晰的梳理，史实比较准确、评价较为客观，这是值得肯定的。然而，由于战后国际形势骤变，国际社会并没有彻底清算日本的战争罪行，日本人对战争的认识存在着偏差，有人企图为日本侵略战争翻案，为军国主义洗白。潜藏于日本社会的军国主义暗流时常涌动，这对日本的历史教育及教科书编写产生着消极影响。

从 20 世纪 50 年代起，日本有人企图修改历史教科书，用错误的历史观教育下一代。1955 年有民主党保守人士发表《可忧虑的教科书》

图 1-11 八一三淞沪抗战血战图（中方宣传画）

一文，主张把日本中小学教科书中的日本“战败日”改为“休战日”。1958 年文部省在审定教科书时，把侵略中国改为“进入中国大陆”。1969 年文部省在审定教科书时，删去了所有关于反省战争责任的内容。

如果说第一次教科书“改恶”事件还只是小打小闹，那么 20 世纪 80 年代的教科书“改恶”则是日本在成为经济大国后在教科书修改上的大动作。1982 年 6 月，有高中历史教科书将日本侵略亚洲邻国全部改为“进入”，并对南京大屠杀等历史事实进行了淡化和删减。日本文部省审定这部美化侵略的教科书合格，是为第二次教科书“改恶”事件。事件发生后，中国外交部立即向日本政府提出强烈抗议，要求日本政府切实负起责任，修改教科书中的错误，不要用错误的史观教育下一代，避免再次发生类似的事件。

2001 年 3 月，文部科学省审定扶桑出版社组织编写的、严重歪曲历史的初中《新历史教科书》合格，酿成了第三次教科书“改恶”事件。中国认为这是日本右翼势力挑战中日关系发展的共同政治基础的新表现，要求日方严格遵循《中日联合声明》和《中日联合宣言》的原则，切实履行迄今在历史问题上所做的郑重承诺，阻止这本公然宣扬“皇国史观”、否认和美化侵略历史的教科书的使用。扶桑社出版的《新历史教科书》被审定合格后，引起日本进步人士、学者的警惕，他们呼吁学校不要使用，认为用错误的历史观教育下一代，将把日本带入歧途。由于日本进步学者、进步人士和学生家长的反对，《新历史教科书》使用率只有 0.039％。 2005 年 4 月，日本文部科学省再次审定这部《新历史教科书》合格，2006 年新学年有 1.04％的学校选用这版教科书，包括公立学校。虽然绝对使用量仍然很少，但是有公立学校选用，不能不引起我们的警惕。中国对于教科书“改恶”事件的关注，绝对不是小题大做，而是坚持发展中日关系原则的大是大非问题。

“一切历史都是当代史”，日本历史教科书编写、使用，不可能不受现实政治的制约。日本从政府到民间存在着否定侵略战争性质、为侵略战争翻案的势力，他们不断在历史问题上做文章，以培养日本人“民族自信”、振奋“民族精神”为由，要用错误的历史观教育下一代。现在高中历史教科书关于中日战争的叙述，存在着明显的偏向与不足，在书写方式、价值判断和导向等方面存在着问题。

图 1-12 东京审判中的被告席

首先，日本历史教科书普遍淡化日本发动侵略战争的责任与性质。其次，夸大日本军方与政府的矛盾分歧，忽视其扩张目标的一致性。再次，强调战争给日本造成的灾难，对深受侵略灾难的中国人缺乏必要的同情，更未深入分析造成战争灾难的原因。最后，轻视中国持久抗战对打败日本法西斯的作用。教科书是学校教育教学的基本依据，历史教育承载着传播历史真相、树立学生价值观的责任。日本虽然没有国家版教科书，但是，文部科学省编写的《学习指导要领》，实际体现着国家意志。2005年在《教育基本法》颁布近六十年后，日本着手对《教育基本法》《学校教育法》进行改订，提出要适应21世纪基础知识社会化和全球化的发展，使学生具有确实的学习力、丰富的心智和健全的体魄。2010年文部科学省修订高中《学校指导要领》，2014年进行再次修正，要求学生深入理解和认识本国历史和世界历史的形成过程以及生活、文化的地域特色，综合理解日本历史的发展传统文化特色，培养历史思考能力，培养学生的历史认识。这体现了全球化趋势中，日本要适应时代的变化，重视历史与现实、日本与世界的关系。但是，伴随着《教育基本法》《学校教育法》《学校指导要领》的改订，日本保守势力呼吁在历史教育中应否定“东京审判史观”“马克思主义史观”，以否定侵略来树立所谓的“民族自信心”，这非常值得我们警惕。

表里之间：德国历史教科书中的二战史

文｜德国奥格斯堡大学　沈辰成　华东师范大学　孟钟捷

众所周知，纳粹时代是德国历史上最黑暗的一页。1933 年至 1945 年，纳粹政权统治德国。在这短短的 12 年间，在纳粹卐字旗下，德国不但成为二战的策源地，更成为耸人听闻的大屠杀场。据不完全统计，二战欧洲战场造成至少 2000 万人死亡，而纳粹大屠杀导致超过 1700 万人受害。德国学者感叹，这场浩劫是德国历史上“不可征服的过去”。

尽管如此，只要德国仍然存在，德意志民族就不得不面对自己“不可征服的过去”。因此我们追问：战后德国如何面对这段过去？如何面对纳粹政权、二战以及纳粹大屠杀的历史记忆？对于特定国家的历史记忆，历史教科书是历史学家最重要的研究对象之一。因为历史教材能够反映政府、社会、学术界和教育界对历史问题的“最大共识”。当人们使用教科书时，历史课本成为老一代人和年轻一代之间传承历史的“时间胶囊”。

时至今日，学者分析比较战后德国的多种历史教科书，发现其中的

图 2-1 奥斯维辛集中营，曾经的纳粹屠杀场

二战历史“大有玄机”：与其说教材简单地揭露纳粹德国的“黑历史”，不如说课本迂回地反映二战后德国的“当代史”。借用网络时代的“热词”，我们不妨用“表世界”和“里世界”的二分法来理解这一问题。里世界指历史教材中讲述二战历史的具体内容，表世界指历史课本的编

纂发行的社会背景。教材中的“里世界”与课本外的“表世界”联系密切。在表世界，美国苏联冷战，德国一分为二；在里世界，两德教材各有一套二战史“套路”；在表世界，冷战最终落幕，德国重新统一；在里世界，当代课本的二战史也“重新洗牌”。

西德：加害和受害

1949 年 5 月，联邦德国建立，简称“西德”。西德对内奉行西方民主政治，对外依附美国。西德国歌《德意志之歌》的歌词开宗明义：“德意志，德意志，高于一切。”在表世界，西德以继承民族传统为立国之本。这“半个德国”必须面对民族的历史负担：纳粹和德国的昨天有什么关系？二战和今天的德国人有什么关系？在里世界，在西德教科书

图 2-2 四国占领（德国）期间（1945—1949 年），法国军队在勃兰登堡门前

中，二战被描述为充满暴行的战争。德国人既是加害者，也是受害者。

20 世纪五六十年代，右翼保守势力主导德国政坛。1969 年前，右翼的基督教民主联盟长期执政，其对内留用纳粹残余，对外奉行反共反苏策略。当时，一些西德历史课本记述德国加害语焉不详，讲述德国受害却连篇累牍。1957 年，一本教材指出苏联残酷报复德国，夺占德国东部领土，驱逐当地德国平民：

上百万的德国人被卷入可怕的痛苦之中，人们无法想象 20 世纪还会出现这样可怕的痛苦。成千上万的老人、妇女与儿童在波罗的海中沉没，望不到尽头的难民迁徙队被饿死、冻死。在德国两千年充满苦难艰辛的历史上，德国人民从未遭受过像 1945 年那样的苦难，这次苦难无论是对于敌人复仇行动中的逃难者还是对于留下的人都无法忍受。

图 2-3 纽伦堡审判中的法官们

在历史研究中，历史叙述中的这一图景被描写为：逃亡和驱逐。1944 年至 1945 年，苏联长驱直入，德军一溃千里，德国丧失大片领土，400 万德国人逃亡，500 万德国人被逐。在西德，右翼对此耿耿于怀。20 世纪六七十年代，左倾政治思想席卷德国社会。1968 年夏，德国爆发激进学生运动。左翼主张在思想上批判纳粹，在法律上审判凶手。此后，许多西德历史教材承认纳粹政权实施暴行，揭露德国军队参与加害。

1957 年，教材《历史课程》对有德国参与纳粹大屠杀的人数闪烁其词，有谋划的大规模屠杀事件表明，参与这些暴行的德国人很可能成百上千。

1971 年，教材明确提到德军将领自行承认，德国军队曾大肆屠杀和抢劫："那些少数从事屠杀、抢劫的人玷污了德意志人的名称，假如我们不能立即停止他们的恶劣行径的话，这将成为整个德意志民族的灾难。"

这些揭发主要是试图驳斥一种说法：清白的德军。这种观点认为，1939 年至 1945 年，纳粹政权屠杀平民、虐待战俘和强征劳工，德军没有参与，只是服从命令。根据这种说法，多数德国人对纳粹暴行没有责任。在西德，左翼对此不以为然。

在表世界，西德政局中左翼与右翼势力博弈激烈，而西德内部的政治斗争也反映在西德的历史教材之中，使得历史教材中的德国呈现出一种矛盾状态，德国既是加害者，也是被害者。在加害者这一形象上，德国人并不是唯一的"坏人"，一方面，在苏德战争中，苏联同样对德国进行了侵害，也是加害者；另一方面，虽然德军实施了众多暴行，但是也并非所有德国军人都双手沾满鲜血，也存在对德军在纳粹统治中作用的不同解读。在被害者这一形象上，犹太人是被害者，但是德国也是被害者，这主要表现在苏德战争中，德国遭受的重大损失。

东德：正义和邪恶

1949年10月，民主德国建立，简称“东德”。东德对内照搬苏联的体制，对外依附苏联。作为社会主义国家，东德直接引述《共产党宣言》为国家格言：“全世界无产者联合起来！”在表世界，东德以共产主义革命为建国基石。这“半个德国”须面对政治的历史抉择：我们德国人是拥护共产主义，还是投靠反动势力？在里世界，在东德教科书中，二战被描述为一场斗争，一边是正义，另一边是邪恶。

图2-4 东德的国旗

正义一方是共产主义及其化身：德国的反纳粹勇士和欧洲的解放者苏联。一些历史课本提到：在国外，苏联和苏联红军，为解放做出最大贡献，付出最大牺牲。在德国，德国共产党和社会各阶层都流血牺牲反抗纳粹。

> 共产党的所有成员、苏军的政治委员会、苏联国家机关的工作人员、所有反抗者和游击队员都受到死亡的威胁……共产党、社会党、资产阶级、宗教界、军界和贵族圈子在德国的代表，全都为拒绝服从希特勒付出了代价，牺牲了自由乃至生命。

这一历史议题被称为“德国抵抗运动”。1933年至1945年，纳粹统治德国，部分政党和个别民众以各种形式反抗纳粹统治。通常认为，德国抵抗运动分散、微弱。在东德，课本强调抵抗运动，突出共产党人的

①绥靖主义：对侵略者姑息、退让，牺牲别国利益以求暂时的和平与苟安的妥协政策。

贡献。

邪恶一方是帝国主义及其化身：德国的纳粹政权和西方的绥靖主义[1]。许多历史教材指出：在战前，纳粹是战争的罪魁祸首，德国干预西班牙内战，策划慕尼黑阴谋，进而挑起战争。在战时，纳粹和德军是屠夫强盗，多数德国人需要承担罪责："我们的民众必须惭愧地被告知，不少纳粹国防军的士兵掠夺沦陷国家居民的财产而大发横财，纳粹主义有意识地使最广大的人民群众堕落。"

这些论述主要是支持一种说法：苏联解放欧洲（卫国战争）。1941 年至 1945 年，苏联和德国进行了四年战争。

图 2-5 英国首相张伯伦宣布，《慕尼黑协议》意味着"我们这个时代的和平"

战争前期，德国入侵苏联，大肆屠杀和抢劫。战争后期，苏军反攻德国，德国损失惨重。在东德，教材强调苏军牺牲，回避德国损失。

在表世界，在东德的政局中，执政党倒向苏联，在“封闭僵化的老路”上狂奔。在里世界，在东德的教材中，光明和黑暗泾渭分明：对于正义，教科书赞扬“正义的德国人”和欧洲的解放者。在德国，抵抗运动者宁死不屈，他们是德国的反抗者；在欧洲，苏联红军浴血奋战，他们是欧洲的解放者。对于邪恶，教科书批判“邪恶的德国人”和帝国主义势力：在德国，纳粹统治倒行逆施，他们是法西斯的屠夫；在欧洲，西方国家纵容纳粹，他们是法西斯的帮凶。

幕后：美国和苏联

两个德国的教科书形成大异其趣的套路：西德纠结加害与受害，东德突出正邪的对决。不过，这些套路殊途同归，都服务于政治正确：西德修补民族的传统，东德彰显革命的正义。此外，教科书中存在一些宏大主题，超越两德之间的冲突，直指世界霸权的你争我夺。至此，两德对立幕后两大超级大国浮出水面。

在表世界，是美苏两个超级大国之间的激烈博弈。

1945 年，德国战败，美、英、法、苏四国联合占领德国。

1948 年，美苏对立，苏联封锁西柏林，史称“柏林封锁”。

1949 年，德国分裂，美国扶植西德，苏联扶植东德。

1961 年，东德建立隔离墙阻挡人民逃往西德，史称“柏林墙”。

在里世界，西德和东德历史教科书中的二战史“套路”深受美国和苏联的影响。

在东德的课本中，纳粹德国不只是历史特例，而且是帝国主义的延

图 2-6 柏林墙的遗迹

续。这种说法源于东德的带头大哥——苏联。二战被诠释为共产主义和帝国主义的对决。20 世纪前期，红色革命家发表大量论文，指责帝国主义反动派，例如列宁的《帝国主义是资本主义的最高阶段》和《帝国主义和社会主义运动中的分裂》(1916)。抽象而言，帝国主义指一个资本主义国家横行霸道，对其他地区进行政治压迫和经济剥削。具体而言，帝国主义理论把纳粹政权和西方列强归为一类。共产主义是帝国主义的对立面。因此，反对纳粹等于支持苏联，警惕西方。

东德教材沿用帝国主义理论。1979 年，东德一本历史教科书指出：二战前，既有纳粹政权的疯狂扩张，也有西方国家的祸水东引。

在西德的教材中，纳粹政权不是历史特例，而是极权主义的范例。

这种说法源于西德的后台老板——美国。二战被演绎为自由民主和极权主义的对决。20 世纪中叶，英美知识分子出版诸多著作，把极权主义体制说成万恶之源，例如弗里德里希・哈耶克的《通往奴役之路》(1944) 和汉娜・阿伦特的《极权主义的起源》(1951)。抽象而言，极权主义指一个独裁统治势力一手遮天，支配整个社会的公共权力和私人权益。具体而言，极权主义理论把纳粹政权和苏联体制归为一类。民主自由是极权主义的对立面。因此，清算纳粹就要捍卫西方，反共反苏。

作为美国的盟友，西德教材沿用极权主义学说。1953 年，西德《历史课程标准》指出：纳粹主义不是特例，而是独裁统治的一部分。20 世纪 70 年代，一系列教材都通过描述纳粹时代的青年，阐述独裁者如何对民众“洗脑”。例如，纳粹当局威逼利诱一名 15 岁的贫困中学生彼

图 2-7 即将被送往奥斯维辛的犹太人

得，以免除学费的方式诱惑其加入希特勒青年团。除此之外的所有青年团体都被解散，最终所有人都成了褐色队伍中的一分子。教材设计者最后提出问题：为什么所有独裁国家都会尝试首先拉拢青年？

联动：同步与异步

表里两个世界互相联动：西德认为苏联和纳粹是极权主义，东德认为纳粹和西方是帝国主义。不过，美国、西德及其二战史观逐渐占据上风，苏联、东德及其二战史观逐渐陷入颓势。

在西德，表世界和里世界形成同步，代表是纳粹屠犹。

图 2-8 西奥多·阿多诺（前右）

二战中，纳粹屠杀数百万犹太人。二战后，纳粹屠杀犹太人不是西德历史教育的重点。1965 年，西奥多·阿多诺发表演讲《奥斯维辛之后的教育》，批判集中营屠杀，震动西德社会。1978 年，美国电视连续剧《大屠杀》（*Holocaust*）上映，犹太人大屠杀再次轰动西德社会。受美国影响，西德课本日益重视纳粹屠杀犹太人。教材中的相关篇幅增加好几倍。1973 年的教材《历史》提到了追捕犹太人的开端，并把它定性为“东方的恐怖”；1982 年的课本《为了明天的历史》用大约 8 页的篇幅来论述“对犹太人的迫害”，而且对种族灭绝的过程与方法都进行了清晰详细的叙述。纳粹迫害的对象也不局限于犹太人，被迫害的斯拉夫人、吉普赛人、外籍劳工与游击队员都被纳入教科书中。

在东德，表世界和里世界出现不可调和的矛盾。其代表是绥靖政策。

二战前，德国和日本侵略扩张，英国、法国、美国以及苏联妥协退让，1938 年，英法和德国签署《慕尼黑协定》，西方默许德国肢解捷克斯洛伐克，史称“慕尼黑阴谋”。1939 年，苏联和德国签署《苏德互不侵犯条约》，双方约定瓜分波兰，史称“苏德密约”。由于不能黑化苏联，东德教材虽然批评西方的绥靖政策，但是无法对苏德密约自圆其说。1979 年，一本东德历史教材指出：1939 年的《苏德互不侵犯条约》是斯大林的备战手段。苏联在波兰的行动则是为了解放西部的白俄罗斯和乌克兰，以便在法西斯的大屠杀中保护他们。苏联卫国战争中的死亡人数得到了精确计算。而对于苏联的指责仅仅保留在一个隐晦的事实中，即苏联曾使用不必要的恐怖方式空袭德国普通民众。

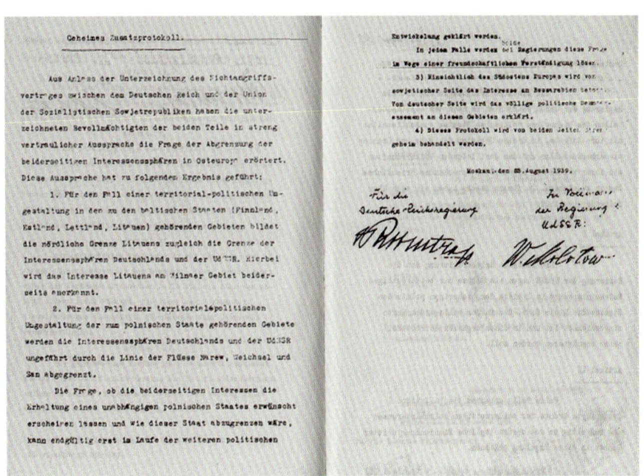

Geheimes Zusatzprotokoll.

Aus Anlass der Unterzeichnung des Nichtangriffsvertrages zwischen dem Deutschen Reich und der Union der Sozialistischen Sowjetrepubliken haben die unterzeichneten Bevollmächtigten der beiden Teile in streng vertraulicher Aussprache die Frage der Abgrenzung der beiderseitigen Interessensphären in Osteuropa erörtert. Diese Aussprache hat zu folgendem Ergebnis geführt:

1. Für den Fall einer territorial-politischen Umgestaltung in den zu den baltischen Staaten (Finnland, Estland, Lettland, Litauen) gehörenden Gebieten bildet die nördliche Grenze Litauens zugleich die Grenze der Interessensphären Deutschlands und der UdSSR. Hierbei wird das Interesse Litauens am Wilnaer Gebiet beiderseits anerkannt.

2. Für den Fall einer territorialpolitischen Umgestaltung der zum polnischen Staate gehörenden Gebiete werden die Interessensphären Deutschlands und der UdSSR ungefähr durch die Linie der Flüsse Narew, Weichsel und San abgegrenzt.

Die Frage, ob die beiderseitigen Interessen die Erhaltung eines unabhängigen polnischen Staates erwünscht erscheinen lassen und wie dieser Staat abzugrenzen wäre, kann endgültig erst im Laufe der weiteren politischen Entwickelung geklärt werden.

In jedem Falle werden beide Regierungen diese Frage im Wege einer freundschaftlichen Verständigung lösen.

3) Hinsichtlich des Südostens Europas wird von sowjetischer Seite das Interesse an Bessarabien betont. Von deutscher Seite wird das völlige politische Desinteressement an diesen Gebieten erklärt.

4) Dieses Protokoll wird von beiden Seiten streng geheim behandelt werden.

Moskau, den 23. August 1939.

Für die Deutsche Reichsregierung

v. Ribbentrop

In Vollmacht der Regierung d. UdSSR:

W. Molotow

图 2-9 《苏德互不侵犯条约》

无论教材之外的表世界，还是课本之内的里世界，双方实力的天平都在走向失衡。

当代：记忆和遗忘

在表世界，当20世纪迎来最后一个10年，东方发生剧变，冷战落下帷幕：

1990年，柏林墙倒下，东德政权颓然崩解，德国重新统一；1993年，欧盟宣告成立，统一的德国成为欧洲一体化的发动机。

在里世界，当21世纪迎来第一道曙光时，当代德国历史教科书如何讲述二战的历史呢？这里以2013年至2016年巴伐利亚州文理中学的历史课程为例，课程在9年级设置17个课时，用于二战历史的教学，课程设计者罗列了下列要点：

G 9.2 纳粹主义和世界大战（约17课时）

学生认识纳粹主义政治体制，纳粹主义自诩为西方自由主义和苏联共产主义的对立面。他们认识纳粹政权的内政和外交政策，这些政策的实施体现了纳粹意识形态的反人类本质。他们外出参观一处纳粹主义受害者纪念场所，从而加深对此问题的理解。

• 欧洲的极权主义和威权主义体制，例如苏联斯大林模式或意大利法西斯体制。

• 纳粹主义的意识形态，例如“种族学说”、反犹主义和“领袖思想”。

•“授权法”和“一体化”；纳粹体制通过元首崇拜和宣传攻势巩固政权。

• 极权主义国家的生活，例如：青年和家庭、工作和休闲。

• 剥削、迫害和屠杀犹太人和其他人群；“奥斯维辛是谎言”的说法是篡改历史。

• 纳粹时期的巴伐利亚：“运动之都”慕尼黑、“党代会之城”纽伦堡。南德集中营体系的中心：达豪集中营或弗洛森比尔格集中营。

• “第三帝国”的扩张和征服政策；第二次世界大战。

根据上文梳理，我们可以把西德和东德历史教材涉及的主要历史议题归纳为八大类型：

西德历史教材：（1）纳粹统治是极权主义；（2）逃亡和被驱逐；（3）德军是否清白；（4）纳粹屠杀犹太人。

东德历史课本：（1）纳粹侵略是帝国主义；（2）德国抵抗运动；（3）苏军解放欧洲；（4）绥靖政策的问题。

在当代教材中，哪些得以保留？哪些又遭到了抛弃呢？

对战争的前因，当代教科书突出三大要素：纳粹责任、德国责任和绥靖政策。

图 2-10 纳粹宣传海报，鼓励国民为冬季援助做出牺牲

首先，纳粹政权的责任。各种教材普遍刊登了一幅讽刺画：希特勒披着和平鸽的外衣，表面挥舞橄榄枝，背后却是无数飞机大炮。其次，

德国各界的责任。许多课本都鼓励学生讨论“谁该为战争负责”，进而罗列学者对外交界、经济界以及科技界责任的讨论。最后，各国的绥靖政策。不少教科书既指出英法出卖小国，也提到苏联与德国秘密勾结，进而要求学生思考各国绥靖政策的正当性。

对战争后果，当代历史课本突出了逃亡和驱逐。在奥登伯格的历史教科书中，逃亡和驱逐被单独列为一节，篇幅为三页，另有四张图片：德国难民逃亡路线图及照片、德意志人等待回家、难民的家庭、难民的新城。在教材《回忆与评价》中，逃亡和驱逐被单独列为一节，篇幅为三页，正文主要包括：难民年龄、难民阶层、难民来源以及难民现状。

对战争暴行，历史教科书赋予纳粹屠杀犹太人突出的地位，而且试图调和其中的矛盾：如何既突出德国国民的普遍责任，又避免产生德国

图2-11 奥斯维辛集中营的奥地利犹太人

原罪的负面情绪?

一方面，教科书直面“淋漓的鲜血”，直言不讳地陈述德国制造大屠杀。在整体篇幅上，教材赋予大屠杀最大篇幅。20 世纪 70 年代，一本教科书仅有 2 页讨论屠犹；20 世纪 90 年代，个别教科书中的相关章节达到 26 页。在具体描述上，课本陈述大屠杀大量细节。教科书《年份》中，编辑使用了 10 张图片，包括反犹主义漫画、犹太隔离场景、犹太奴工肖像、集中营地图和死难者惨状。在历史观点上，教科书都明确表示：纳粹和德军都是加害者，犹太人只是受害者之一。此外，吉普赛人、同性恋者、强制劳工和抵抗武装者都是受害者。

另一方面，教科书强调“正义的曙光”，陈述德国的抵抗运动和忏悔罪行。在一些教材中，设计者把抵抗运动和纳粹屠犹相互对照，表明

图 2-12 华沙威利 · 勃兰特广场上的威利 · 勃兰特纪念碑，记录了“华沙之跪”场景

德国人的良知没有泯灭。在一系列教科书中，作者介绍德国各阶层的反抗活动，例如刺杀希特勒的“7月20日密谋”。1944年7月20日，在德国秘密军事基地，德国军官施陶芬贝格试图用炸弹炸死希特勒。另一些课本中，设计者把二战罪行和德国悔罪互相对照，表明德国人已努力弥补罪过。在一系列教科书中，作者介绍二战后德国的悔罪表现，例如德国总理勃兰特“华沙之跪”：1970年12月7日，在波兰华沙，西德总理勃兰特向华沙犹太起义纪念碑下跪半分钟。

在表里之间，教科书中历史议题的“重新洗牌”呼应教科书外德国政治的“重新洗牌”。

在两个德国之间，教材呼应冷战的终结：美国和西德阵营胜利，苏联和东德阵营失败。西德历史教材固有的四大议题中，全部议题得到保留，纳粹屠犹和德国难民受到特别重视。东德历史课本固有的四大议题中，主要议题遭到遗忘，抵抗运动和绥靖政策也被改头换面。

在联邦德国内部，课本反映争议的延续：右翼洗白民族的传统，左翼批判民族的罪行。在右翼一方，德国前总理科尔多次公开表示，由于“上帝让其晚生的恩赐”，不但自己个人“同纳粹的历史毫无关系”，而且整个德国要“实现政治上与道德上的转折”。在左翼一方，美国学者格德哈根撰写《希特勒的志愿行刑队》，通过揭露军队和民众普遍参与屠犹，他主张普通德国人是纳粹屠犹“心甘情愿的刽子手”。

图2-13 科尔

多数历史教科书处于两个极端之间，既承认德国人负有罪责，又强调德国人已经悔过。

在表里之间，当代德国仍然在“不可征服的历史”面前上下求索。

余论

在后真相时代，人们日益达成共识：无论狭义学校历史教育，还是广义社会历史思维，二者不是简单直接地呈现确凿无疑的历史事实，而是复杂迂回地制造虚实并存的历史叙述。人们反复塑造“前人所为”的历史事件，不断使用“后人所用”的历史叙述。至于后人把特定的历史叙述善用也好，利用也罢，当作镜子，或是彻底遗忘，既取决于过去发生什么，也取决于后人意欲何为。

具体而言，则是在二战历史问题上，德国人意欲何为。

在冷战时期，西德教材以美国的价值观念为基础，东德课本以苏联的意识形态为指南。因此，本质上不完全是德国自发反省历史，而是美苏两大战胜国“督导”德国人忏悔罪行。随着两德的统一，德国实力壮大，美俄影响削弱，德国教科书相应凸显更多本国内在的诉求。具体而言，当代德国教科书既抵制激进右翼粉饰战争罪行，也防止激进左翼否定民族传统。这是一种德国特色的“两个不走”，不走民族主义的“老路”，也不走激进革命的“邪路”。

1932 年朝鲜教科书事件

文 | 浙江大学蒋介石与近代中国研究中心 陈红民 胡馨仪

近世以来，新式教育在东亚各国逐渐推广。作为新式教育的载体，教科书尤其是历史、社会类的教科书，除了传播先进的科技与知识外，还承担着传承民族文化，塑造现代国民国家，改造国民性，帮助青少年确立国家观、世界观等诸多责任。

在本国学校的教育中采用何种教科书本是一国的内部事务，但由于各自的国家利益不同，对于同一事件的表述，不同国家的教科书可能大相径庭，在某些时期，甚至可能会因为教科书而引发成国与国之间的外交事件（事实上，在许多国家内部，不同团体对教科书的内容也常有很大的争议）。

自 20 世纪 80 年代以来，东亚国家就曾围绕日本的“历史教科书问题”，引发了长达 30 余年的争执，政府、学界与民众均发表意见，迄今争议尚在，且有愈演愈烈之势。原因何在，值得深思。

笔者在查阅韩国国家记录院（国家档案馆）的档案时，发现 1932

年间中国与日本在朝鲜曾因教科书发生争执，这一事件对于理解当前的日本教科书问题有一定的参考意义。

中日关系恶化与朝鲜的华侨教育

中国与朝鲜相邻，早年赴朝鲜的华侨以成年单身男子为主，大多都没有长期侨居的打算，故朝鲜华侨的教育事业起步迟缓，1902 年才在仁川建立了第一所华侨学校。20 世纪 20 年代，随着朝鲜华侨经济的发展，华侨教育也有了一定程度的发展，不少城市均建立了华侨学校，但基本是规模很小的小学。

中国驻朝鲜总领事馆曾向教育部详细报告 20 世纪 30 年代其辖区内教育发展状况。据此报告，总领事馆下辖三个学校：汉城华侨小学校（1910年创办，设于中国总领事馆内）、仁川华侨小学校（1914年创办）、仁川鲁侨小学校（1930 年创办）。课程设置与训育方针基本与国内是一致的，朝鲜华侨学校的教师也基本来自国内。当地的日本当局对于华侨学校并无干涉之事。有份档案资料称，华侨学校教职员、学生乘车船减价问题，得与日本人受同等待遇。可见，日本当局认可华侨学校及师生的同等地位。

图 3-1 朝鲜总督府第一任总督寺内正毅

朝鲜的华侨学校比国内学校更注重向学生强调本国文化，灌输民族主义（爱国主义）。当时的华侨教育事宜，主要是由侨务委员会负责，但须与教育部协商。朝鲜华侨学校的工作曾因“恪尽职守，指导有方”而获得侨务委员会的表彰。

1910 年日本吞并朝鲜后，中国内部长期动荡不安，与朝鲜的关系大致平淡。档案显示，1928 年国民政府统一全国后，与朝鲜的关系有所改善。在 1930 年至 1931 年上半年，中国有教育代表团、实习军舰等到朝鲜访问，还在朝鲜办过商品展等。

1929 年，发生过日本警察搜查中国书籍的事件。7 月 8 日，中国国民党驻朝鲜支部向中国驻朝鲜的最高外交机构——驻京城总领事馆报告，国民党在平壤的阅书报社为“搜罗党化书报，以资宣传”，从上海购得《三民主义》13 册、《建国方略》1 册、《党员必携》1 册、《三民主义考试指南》1 册。被当地警察以“书为可疑”搜去，再去查询时，被告知书已被送到京城警务局了。不久之后，国民党驻朝鲜支部元山分部再次报告，被当地警察搜去《三民主义浅说》11 本，并扣在警署。国民党支部向中国总领事馆提出，《三民主义浅说》一书是宣传三民主义的刊物，与日方毫无关系。总领事馆着令驻元山领事馆前往交涉，元山警察署长以书中有“朝鲜亡于日本”一段，以妨害治安为由，拒绝归还。

图 3-2 万宝山事件引发了朝鲜的“排华风潮”

这两次搜书事件，说明日本殖民当局非常在意中国书籍中宣传民族主义的内容，尤其是指责日本近代对中国、朝鲜侵略的内容。

1931 年下半年，先是有“万宝山事件”（九一八事变前夕，日本在吉林万宝山村策划的中韩冲突事件），引发了朝鲜的“排华风潮”，接着是日本发动九一八事变，侵占中国东北，中日关系降到冰点。

1931 年 10 月，中国朝鲜总领事馆停办“双十”国庆庆祝典礼，委婉地对日本的侵华政策表达不满。而在朝鲜的日本殖民当局对中国领事馆的防范也更严密，先是无理扣押中国总领事馆订的国内报纸，以使外交官们无法了解国内情况与时局进展。1931 年 11 月，中国驻京城总领事卢春芳致函朝鲜总督府外事课长穗积真六郎，对此提出严正抗议，要求主管机关将领事馆所订报纸尽快送还。更有甚者，日本殖民当局罔顾外交惯例，竟然偷拆中国总领事馆的公文函件：1932 年 5 月，总领事馆发现教育部来函信封已开口。至 1934 年，中国方面忍无可忍，向日方提出抗议函，望其立即停止此种行径，对于“窃拆者”严加查处。

在中日关系恶化的大环境下，朝鲜的华侨学校也成为殖民当局监视的重点之一。1932 年初，日本警察当局得报，汉城的华侨小学内张贴排日宣传海报。因汉城华侨小学处于总领事馆内，日本警察不能进入校内搜查，京畿道警察遂进行密查，并以中国总领事馆内张贴排日海报之事件向警务局长、各道警察部长、各警察署长详尽地报告了总领事馆内汉城华侨小学办学现状。虽然日本警察未在华侨学校查到“排日海报”，但也埋下了另一伏笔，即要继续密查教科书中的“排日宣传”。

殖民统治者对外侨的治理，往往采取比日本国内更严苛的措施。在日本侵占东北，中国民族主义高涨的情况下，朝鲜的日本殖民当局之敏感可想而知。1932 年的教科书事件就是在此背景下出现的。

教科书事件经纬

1932 年 4 月 1 日，朝鲜总督府警务局长将密查情况告诉外事课长，声称汉城华侨小学教科书内多含“排日辱日”之语，实为公开宣传“排日思想”，有碍国际信誉及朝鲜治安，要求外事课长向中国总领事及国民政府等提出“严重抗议”。几天后，朝鲜总督府外事课长穗积真六郎致函中国驻京城总领事卢春芳，明确要求华侨学校取缔有“排日侮日”内容的教科书。韩国国家记录院保存着这封信的原件：

贵总领事馆内华侨小学校所使用之教科书中，其记事甚有关于排日侮日之内容者，在本邦领土内，似此努力于排日思想宣传之普及，不但为国际关系上所不能容许，亦为朝鲜内治安维持上之障害。希严加取缔，使右述教科书即时停止使用，并使日后无如是一切情事。并希查照，从速见复为荷。

卢春芳对此事颇为重视，于次日令汉城华侨小学校长魏锡赓立即查明情况。4 月 11 日，魏锡赓回复称，学校所用教科书，除外国语外，皆系国内教育部审定者，他并附呈了党义、国语、社会（包括公民、历史、地理三科）等可能涉及日本记载的教科书共 44 册，以备审核。

4 月 13 日，卢春芳即复函穗积真六郎：

查敝馆内附设之华侨小学校平时对于亲仁善邻之谊夙已注及，所用教科经详加考核，尚无贵函所开情事。

但是，朝鲜总督府方面并不满意。5 月 4 日，穗积真六郎再发照会，拒绝接受卢春芳的解释，再次要求停用并取缔涉嫌“排日辱日”的教科书：

华侨小学校现在是否使用以下之教科书，烦请答复。该教科书实有排日侮日之意识之记事，鼓吹宣传排日思想，不啻国际上不允许，乃至朝鲜内政治安维持方面，甚多窒碍，且与贵总领事 4 月 13 日所答复之“亲仁善邻之谊”全然相背，此种排日侮日之记事，若限于下记之教科书，烦请即时停止其使用。且此后若再发生此类情状，将采行措施，严重取缔。

照会并附有要求取缔的教科书书单：商务印书馆出版由大学院审定《新时代三民主义教科书》（第 1 册、第 4 册，小学高年级用）、大学院审定《新时代地理教科书》（第 3 册、第 4 册，小学高年级用）、新国民图书社出版由大学院审定“新中华教科书”《历史课本》（第 2 册，小学高年级用）、《常识课本》（第 8 册，小学初年级用）。

中国方面似乎再无正面回应，以拖延方法应付日方。然而，5 月 19 日，朝鲜总督府外事课长致函学务局长，要求学务局采取适当措施，取缔中国总领事馆内汉城华侨小学的“排日”教科书。日方要从外交、警察与教育当局三方下手，解决汉城华侨小学的教科书问题。

其实，4 月初收到日方要求取缔相关教科书的信件后，中国总领事馆相当紧张，卢春芳在 4 月 11 日致函给朝鲜境内中国驻新义州、驻釜山、驻元山各地的领事，通报总督府外事课来函的内容，要求他们“将贵馆管内小学校名称及所在地，暨所辖道厅此次是否有同样之来照等情，迅即见复”。幸而各地皆未发生此种情况。5 月 9 日，卢春芳向外交部与驻日公使馆报告，朝鲜境内各领事馆已先后回复，“尚无被要求取缔侨校教科书情事”。

汉城警察何以会密查汉城华侨学校，而且在中国总领事馆否认使用反日教科书后，又提出了具体教科书书单呢？后来的发展给了答案——日本当局设在仁川的海关，已经先查扣了从中国运来的一批教科书。

图3-3 朝鲜日治时期日本常设办事处

1932年3月23日,《朝鲜新闻晚报》首先以“排日教科书恬然入鲜,发现后全部没收”为题,报道了一批从中国来的教科书被扣的事:

京畿道高等课对于前此由上海经仁川入港之某船送来之各地中国人小学校使用教科书数百册,施行内容调查,因全书满载奇怪之排日侮日抗日之狂激文字,业经付诸行政处分,而全部差押没收之。……总督府俟实状调查后,详细报告外务省,将以之为中国国内抗日状况之一确状。

中国总领事馆大概是在数日后才注意到这篇篇幅很小的报道,4月9日才下令驻仁川办事处,查问“究竟有无”教科书被警察查扣事实。前一天,总领事首次收到总督府外事课质疑华侨学校教科书的照会。

4月27日,驻仁川办事处将购买教科书的仁川鲁侨小学校的报告转给总领事馆,报告详述教科书被查扣的经过:

敝校本年二月间由烟台诚文信书局购买小学各科教科书数百册,随“利通”轮船捎来,当向海关提取,该关员声称此项书籍须经检查手续始可放行。经数日后再向海关领取时，该关员仅将公民、自然、算术等各教科书如数发给。所购之历史教科书八十册，仅将第一册共二十册发还。当被扣留者，商务印书馆出版之新撰历史教科书四十册，又中华高级历史教科书二十册，新时代地理教科书二十册，三民主义教科书六十册。据云此书内中文句多有碍日本之处，须送总督府图书科审查办理。延迟多日，经海关发还新撰历史教科书四十册，凡内中有关联日本之文句，均用红笔划一竖划，标明此处不得讲授……

根据报告，该小学是当年二月间从国内购买并运往朝鲜部分教科书，在海关遭到日方的审查和扣押，至今仍有部分与历史相关的教科书以书中含有“抗日侮日”文字为由未得发还。报告还解释了该校处理的方式与未及时向领事馆汇报的原因：

敝校当时曾拟恳请设法交涉，惟因鉴于往事，深知此书既经该总督府没收，不易办理。矧复际此时局，恐尤感困难，再三思维，以我官厅提出交涉，万一不生效力，反不若姑事容忍，以故未曾具报。今贵处奉令查询此项事实，仰见我总领事关怀侨情至为深切，倘蒙洞察，有交涉之余地，无任感激。

校方担心时局之复杂使得官方交涉难有成果，教科书事件的发酵反而将为正值紧张的中日关系雪上添霜，因此选择隐而不报。中国总领事馆在查明情况后，决定向日方交涉。4 月 30 日，卢春芳致函朝鲜总督府外事课长穗积真六郎，告以实情，并要求归还剩余教科书：

据敝馆仁川办事处呈称，仁川鲁侨小学校本年二月间由烟台书局购买小学各科教科书数百册，随利通轮船运至仁川，当向税关提取，除陆续收到者外，尚有《中华高级历史》教科书二十册、《新时代地理》教科书二十册、《三民主义》教科书六十册，合计一百册，查未发还，乞鉴核等情。相应函达贵课长，请烦查照，转请仁川税关迅予放行。

图 3-4 日占时期的朝鲜国旗

5 月 7 日，卢春芳还将情况报告给外交部和驻日公使馆。日本朝鲜总督府方面遂展开调查，仁川税关方面 5 月 14 日报告，查扣的中国教科书计 546 册，发现有 80 册为“违害公安”之书籍，依《关税定率法》第 10 条第 3 号规定，“实行禁止输入之处分”。6 月 15 日，穗积真六郎函复卢春芳，依仁川税关 5 月 14 日的报告说明扣书情形。五天后的 6 月 20 日，卢春芳即再去函，驳斥日方的理由：

六月十五日贵课长函，以仁川鲁侨小学校申告输入之书籍中，有八十册仁川税关认为“有害公安”之书籍予以输入禁止处分等因，并附书籍清单到馆。查单开教科书，均经敝国教育当局之审定，且敝国侨民小学校设立多年，从未闻有因采用本国审定教科书而发生妨害所在地公安之事实，仁川税关此项处置不得不认为显有误会。相应函达贵课长，仍希查照，迅予放行。

此信强调进口之教科书经中国教育当局审查，且朝鲜华侨学校开设多年，以前也未发生过因使用国内教科书而发生“妨害治安”的事情，仁川税关扣书之举实乃出于误解。穗积真六郎7月16日函复卢春芳，仁川税关查扣教科书“并无基于何等误会”，故中方之要求，“殊不可能”。卢春芳还不甘心，再去函要求日方，函的内容大致是如果仁川税关确实认为教科书妨害治安，应具体指出其危害，并请仁川税关认真考虑，将其放行，以重两国的邦交。此前日本方面所述查扣教科书的理由是“妨害治安”一类，相当模糊。卢春芳的信要求其以实例说明，颇有针对性。

在韩国国家记录院的档案中，有9月中旬仁川税关长致朝鲜总督府财务局长的信，又提出更详细的报告，提到从查扣中国教科书中找到的“排日侮日”证据：

关于禁止输入处分之书籍，各课目教科书巧妙利用其课目特点，插入煽动排日思想之文意。例如强夺吞并中国领土或附属地台湾、琉球、澎湖列岛、朝鲜之马关条约，国侮二十一条之强迫缔结等，作为重点强调之宣传内容，以在国民教育上造就极端之排日思想。

显然，朝鲜总督府方面在接到中方的照会后，确实又向仁川税关方面征询意见。8月10日，督府外事课课长田中武雄再次回信拒绝卢春芳的要求。中国总领事馆见事情已无可挽救，自知无能为力，便于8月13日将与日方交涉的经过向外交部与驻日本公使馆报告，并附去朝鲜总督府外事课的所有来函，要求外交部与驻日公使核查训示。

或许是受驻汉城总领事馆的要求，8月下旬，中国驻日本公使馆参赞江华本在东京专程就教科书事拜会外务省通商局长，要求发还仁川被扣之教科书，遭到日方的拒绝。这是双方就此事进行的最高层面的会谈。不久，日本拓务次官河田烈致函朝鲜总督府政务总监今井田清德，通报情况并宣布日本政府的决定：

关于禁止中国教科书输入之件

本年三月二十二日仁川税关从中国输入之书籍中抽检左记八十册，根据关税定率法第十一条第三号，禁止该书籍输入。关于该事件八月二十二日驻京中华民国公使馆江华本参事官往访外务省通商局长，请准许输入前述书籍，在仁川支那人学校所用。对此，该局长因该书籍内含有排日记事，故禁止输入。

另，今后对中国方面之交涉场合，一应禁止输入（含该当记事类的其他）。另据外务省照会，相关上述所施之措施，烦请至急相报。

这个决定成了日本处理教科书问题的基本方针，不但此次书不发还，而且以后有相关内容的书籍，也要“禁止输入”。中方要求发还被扣教科书的努力受挫。

朝鲜的教科书事件发生后，中国驻朝鲜总领事馆曾于6月初向驻日本本土的神户、长崎和横滨三个总领事馆发去密函，通报朝鲜教科书事件的进展，并询问当地华侨教育及使用教科书的情况：

近来朝鲜总督府对于鲜境内华侨小学校教科书异常注意，甚有被目为内多排日抗日文字通过税关时竟予押收者，虽迭经抗议，尚未解决。贵馆管内华侨小学校教科书是否一律采用新学制？有无被日税关押收及受日地方政府取缔情事。……希查明，并将贵馆办理情形一并密示为荷。

三地的回复一致：当地华侨学校均采用新学制与新版教科书，但皆未发生被扣押或取缔事，其中，驻横滨总领事在回复中还推测日本在本土与殖民地执行着不一样的政策，这说明当时在日本本土并未发生取缔中国教科书的事情。

从 1924 年第一次加藤内阁上台至 1932 年犬养内阁下台的八年间，为日本的政党政治时期，政友会及民政党两大政党相继上台组阁，民主程度相对较高，言论控制较为宽松。与之相比，20 世纪 30 年代的朝鲜正值日本殖民统治时期，日本殖民者在朝鲜实行总督制殖民主义统治，朝鲜总督集行政、立法、军事、司法等大权于一身，总督府的权力不受限制，言论控制自然极为严苛。体制的不同，也可解释在日本当局教科书问题处理尺度与方式上的不同。

以上是目前所能看到的档案中关于 1932 年在朝鲜的教科书事件的记载。可以看出事件的根源是日本殖民当局认为中国教科书对近代中日关系史的叙述，“巧妙利用其课目特点，插入煽动排日思想”。此类书籍的传播于日本在朝鲜的治安维持方面，“甚多窒碍”。对此，中国总领事馆并不认同，据理力争。

对于教科书内容的认知与所采取的措施，和时局变动有呼应关系。日本殖民当局要取缔的教科书系 1932 年 2 月自烟台购得，考虑到当时的编写、审查与印刷的程序与周期，其内容至少当在一年前即确定，此前已经在汉城的华侨小学中使用，日本并未取缔。1932 年的取缔行动，明显与九一八事变后的中日关系有关。

当时，双方均采取了较克制的态度，事件限制在就事论事的层面，循外交途径解决。日本殖民当局方面，只禁止在朝鲜境内使用，内容相同的教科书在日本本土的华侨学校可以使用。日本也未提出要求中方修改教科书。

以古鉴今·名人的育子经

宰相世家，克继玄成
——父子宰相张氏家族的教育

文 | 德州学院　黄益

在以康乾盛世为背景的历史剧中，总浮现着一个家族的身影：安徽桐城张氏家族。这一家族，在清朝曾经出了一批经邦济世的人才。陈康祺《郎潜纪闻》中曾经如此评价这个家族：“自祖父至曾玄十二人，先后列侍从，跻鼎贵。玉堂谱里，世系蝉联，门阀之清华，殆可空前绝后已。”这里指的是从张英开始，张廷瓒、张廷玉、张廷璐、张廷瑑、张若潭、张若霭、张若澄、张若需、张曾敞、张元宰、张聪贤“六代翰林”共12位。张氏家族是怎样做到这一点的？因为

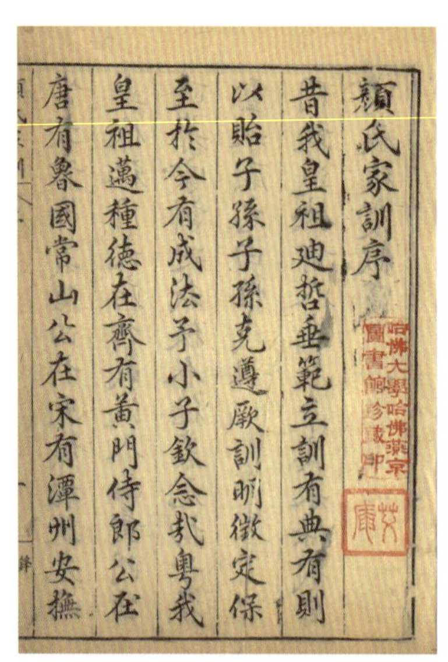
顏氏家訓序
昔我皇祖廸哲垂範立訓有典有則
以貽子孫子孫克遵厥訓昭徽定保
至於今有成法予小子欽念彝我
皇祖邁種德在齋有黃門侍郎公在
唐有魯國常山公在宋有潭州安撫

图4-1《颜氏家训·序》，明万历二十年（1592）程荣刊汉魏丛书本

他们的祖辈留下了宝贵的财富：家训。曾国藩，这位在晚清取得了突出成就的人物，对这个家族教育子孙后代的方法推崇备至。他给儿子写信时说："颜黄门之推《颜氏家训》作于乱离之世，张文端公《聪训斋语》作于承平之世，所以教家者极精。尔兄弟各觅一册，常常阅习，则日进矣。"一本书就能够让后世子孙天天进步，如果言传身教同时进行，又将是怎样的情形呢？不妨让我们走进张氏家族，去体味一下宰相世家的风采。

父子宰相受荣宠

电视剧《雍正王朝》用了两集，全方位展示扣人心弦的八王议政。雍正皇帝在朝会上遭遇八王的刁难，当时在场的人噤若寒蝉，雍正二年（1724）的状元王文昭挺身而出，遭到辱骂。雍正的皇位岌岌可危。一直站在旁边观察事态的张廷玉，在八位王爷的意图已经足够清晰明确后，引经据典，通过几番驳立，让王爷们哑口无言。张廷玉的形象鲜活地呈现在人们的面前。

图 4-2 雍正皇帝像

当然，《雍正王朝》毕竟是根据二月河小说改编而成的历史剧，值得推敲之处不少。这一段"八王议政"的剧情实际上是浓缩反映了雍正二年二月至四月发生的各种事。当年二月十四日，雍正皇帝谕责胤禩怀挟私心，遇事拨弄是非，动摇百官的意志，搅扰阻挠雍正的施政方针。四月，雍正皇帝对胤禩进行了如下声讨："肆行悖乱，干犯法纪，朕虽欲包容宽宥，而国宪具在，亦无可如何，当与诸大臣共正其罪。"削宗籍、圈禁、派去守陵、降爵等事件接二连三发生在雍正的各位手足身上。

此时的张廷玉，是雍正皇帝身边的重要辅佐大臣。雍正元年（1723），自康熙年间已经在南书房办公的张廷玉再次进入南书房，与朱轼等人同为诸皇子师傅。不久，雍正嘉其公慎，加太子太保。八月，张廷玉署理都察院事，兼管翰林院掌院学士事。九月，调任户部尚书。十月，张廷玉任四朝国史总裁官。

雍正初年，朝廷在西北对蒙古准噶尔部大举用兵。准噶尔部不断在边疆地区起衅，而当时负责边疆的大臣不太得力，雍正皇帝不得不频繁向边区发布命令，指授方略。张廷玉"日侍内值，自朝至暮，不敢退，间有待至一二鼓"。张廷玉自己也曾指出，当时除了重要的工作需要处理，每天早晚还需要在宫里值勤，"宣召不时，昼日三接，习以为常"。于是，张廷玉即使是坐在轿子里的时候，也常常"披览文书"，不得休息。

正是这样通宵达旦地工作，张廷玉得到了雍正皇帝的高度肯定和慰问：

尔事务繁多至此，一日所办竟至成帙，在他人十日尚未能也。恐尔眠食之时俱少矣！嗣后切宜爱惜，精神勿过劳，以负朕念。（《澄怀园语》）

雍正皇帝对张廷玉的肯定，可不仅仅是一句慰劳之词。雍正六年

（1728）三月，张廷玉晋保和殿大学士，不久他又被任命兼管吏部尚书事务。虽然不断在要求自己和家人拥有谦冲之怀，张廷玉还是忍不住对自己得到的重用，进行了浓墨重彩的记述：

本朝定制：各部满尚书在汉尚书之前。廷玉以大学士管吏部、户部事，特命在满尚书之前。雍正六年，公富尔丹管部务，富以公爵兼尚书，非他人可比。玉逊让再四，上仍命余居前。又朝会班次：大学士在领侍卫内大臣之下，上命玉在公侯领侍卫内大臣之上。皆异数也。（《澄怀园语》）

这样的重用，不是从张廷玉开始的，而是从其父亲张英开始的。康熙十六年（1677），朝廷颁布诏令，设立南书房，选拔一些作风朴实、学问精深的人，每天陪伴在皇帝身边，以备顾问或征召。张英因为家世

图4-3 《康熙南巡图卷》第七卷"无锡至苏州"（局部），清代王翚等绘

儒业，幼读经书，过目成诵，被选入内。不久，他得到了更大的殊荣：赐居西安门内。这一赠赐，开了清朝词臣赐居禁城之内的先河。

为什么张英能受到如此重用？这与张英的才华、智慧、人品均有密切关系。当时的典诰文章，多数出于张英之手。方苞曾这样说张英受器重的程度："公自翰林历卿贰，践政府，虽任他职，未尝一日去上左右。"这种器重，是张英自己赢得的。在康熙四十年（1701），已拜文华殿大学士兼礼部尚书的张英请求致仕。康熙皇帝见他已经反复提出过辞呈，于当年十月同意了他的请求，但要求他等开春之后再离京。临行时，康熙皇帝在畅春园为其饯行，并下令沿途驿站、官府接待时"勿限常额"，优遇有加。此后康熙两次南巡，均召见张英，并让其从淮安陪侍到江宁。张英《南巡扈从纪略》中有所记载。

正是从张英开始，康熙皇帝、雍正皇帝对张英、张廷玉父子的信任和重用，使得张氏家族迅速发展壮大。尤其是张家与安徽桐城姚家[1]互为婚姻，共同促进了张、姚两家社会关系网络的

图4-4 康熙

[1] 桐城姚家：桐城五大世家之一。明朝时，桐城姚氏敦行积学，形成了较好的家学传统。进入清朝后，姚文然于顺治三年担任国史院庶吉士，转任各科给事中，成为姚家入清朝的第一位重要官员。此后姚氏家族成员，因治学以经为主，兼及子、史和诗文，成为清朝桐城著名大家族。姚鼐是其中鼎鼎有名的人物，因为参与《四库全书》的编纂，又致力于教育，弟子遍及全国，尤以南方诸省为多。

壮大。到乾隆年间，家风极好的张、姚两家，子孙联袂登朝堂，势力之大，成为朝廷不容忽视的一股力量。

刘统勋担任左都御史时，朝廷上因为张廷玉和讷亲[1]两人位高权重，且政务上多有相互支持之处，出现了张家和钮祜禄家族声势相倚的传闻。为了释除朋党嫌疑，刘统勋连上两折，一折说明张廷玉家族的现状和解决办法，一折说明讷亲的处事风格及其处理政务时需要注意的问题。两折中，与张廷玉有关的奏折是这样的：

大学士张廷玉历事三朝，遭逢极盛，然晚节当慎，责备恒多。窃闻舆论，动云“张、姚二姓占半部缙绅”，张氏登仕版者，有张廷璐等十九人，姚氏与张氏世婚，仕宦者姚孔铢等十人。二姓本桐城巨族，其得官或自科目荐举，或起袭荫议叙，日增月益。今未能遽议裁汰，惟稍抑其迁除之路，使之戒满引嫌，即所以保全而造就之也。请自今三年内，非特旨擢用，概停升转。

刘统勋此折，为张廷玉一家在位极人臣后成功避免家族祸端奠定了基础。这事发生在乾隆六年（1741）。此后，张氏家族虽仍在政界叱咤风云，但已经开始为淡出政界、淡出人们的视野做准备。仍受乾隆皇帝倚重的张廷玉，反复要求致仕。几年的努力未果，张廷玉在年近八旬时做出了一个当时让不明真相的人看起来足够幼稚的举动：在乾隆皇帝承受丧子之痛时，张廷玉再三坚持致仕。乾隆大怒，下令削去张廷玉的官爵，取消他本该有的配享资

[1] 讷亲：即钮祜禄·讷亲（？—1749），清朝雍正、乾隆时的名将，满洲镶黄旗人，开国五大臣额亦都曾孙，太师遏必隆之孙，内大臣尹德次子，官至军机大臣、大学士、兵部尚书等要职。乾隆帝即位之后，讷亲协力总理事务，晋封为一等公。乾隆十年（1745），讷亲被任命为保和殿大学士。同年领班军机大臣鄂尔泰病故后，乾隆帝命讷亲接任，至此位极人臣。

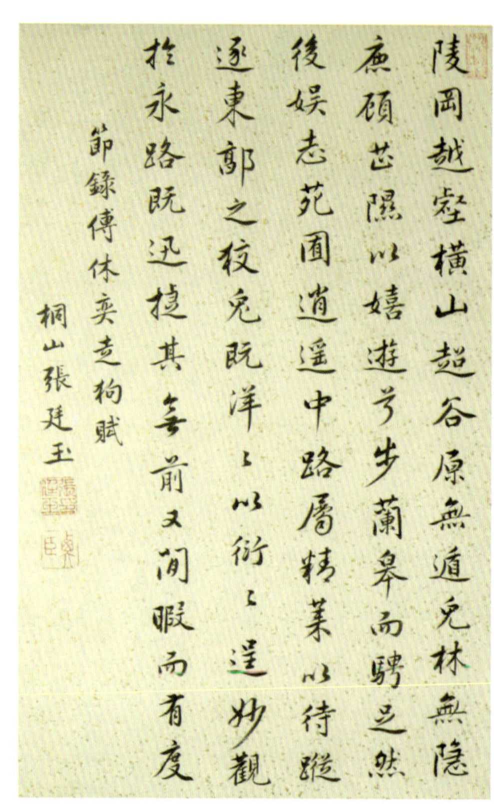

图 4-5 张廷玉书法（晋代傅元《走狗赋》），收录于《十犬图册》，藏于故宫博物院

格。这事发生在乾隆十五年（1750）。五年之后，张廷玉安然地在家乡离世，葬于龙眠山。得知张廷玉病逝，乾隆皇帝念其为三朝元老，遵清世宗遗诏，仍令张廷玉配享太庙，赐祭葬，谥文和。

如果与讷亲的命运进行比较，或许更能体味这一平和过渡的不易。乾隆十四年（1749），讷亲主持大小金川之役不得力，被押解回京。回京路上，乾隆皇帝送了一把刀给侍卫鄂实，这刀原是讷亲的祖父遏必隆的遗物。行至班拦山，鄂实命讷亲自尽。当年同时被物议的两位大臣，张廷玉的结局显然更符合人们的愿景。

乾隆皇帝感觉身体逐渐老衰之时，想起张廷玉。乾隆五十年（1785），皇帝曾说：“所谓老衰而戒之在得乎？朕又以廷玉之戒为戒，且为廷玉惜之！”这段话里，已经算得上十全老人的乾隆，到底想说明什么问题，很值得后人反复咀嚼玩味。从张廷玉离京亲自打理家族开始，张家经过 30 年的韬光养晦，已经平稳地渡过了家族隆盛至极的危机，逐渐过上了平淡冲和的殷实生活。

纲举目张立规矩

《文子·符言》中有言："再实之木，其根必伤。多藏之家，其后必殃。"张家到底是怎样实现了对这一现象的逆转，在清朝历史上得以长期稳定发展的？人们将目光锁定在了张英和张廷玉父子身上。早在张英时，便已经为张家子孙制定了明确的教育方案。若以纲目来分，基本上可以分为四纲十二目，所谓"读书者不贱，守田者不饥，积德者不倾，择交者不败"。下面对这四纲进行简要归纳总结于下：

第一纲是立品。品，即品行。人人都希望获得幸福，可幸福是有福之人才能承受得起的。什么样的人是有福之人？张英说得很明确："人生必厚重沉静，而后为载福之器。"换言之，要想成为有福之人，必须首先让自己成为敦厚持重的人。怎样才是敦厚持重的人？张英开列了三目：戒嬉戏、慎威仪、谨言语。

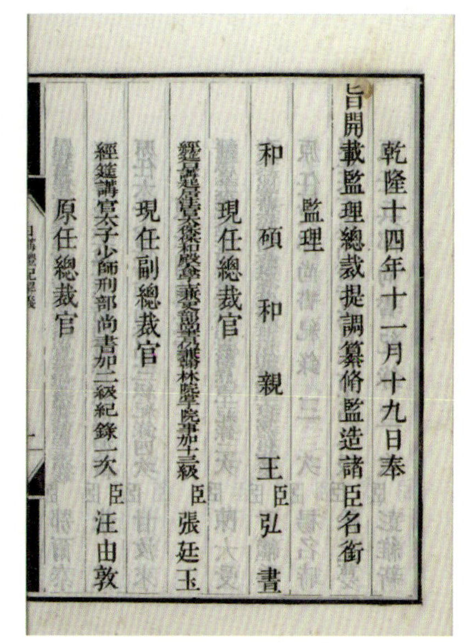

乾隆十四年十一月十九日奉
旨開載監理總裁提調纂脩監造諸臣名銜
監理
和碩和親王臣弘晝
現任總裁官
經筵講官[illegible] 臣張廷玉
現任副總裁官
經筵講官太子少師刑部尚書加二級紀錄一次 臣汪由敦
原任總裁官

图 4-6 清鄂尔泰等人撰，张廷玉等人整理的《日讲礼记解义》，清乾隆十四年（1749）武英殿刊本

张英以自己祖父张四维的故事为例，来说明敦厚持重的好处。张四维，字立甫，号恂所，与张居正之后成为明朝首辅的张四维同名，但籍贯不同。张英的祖父，在乡里因为品行高尚得到了很多人的称赞。在张英看来，不骄盈、不诈伪、不刻薄、不轻佻，是人中的贵人，比位至三公更值得人们的尊敬。

张英和张廷玉在品行上，进行了不断的努力。而与努力相应的，当道德达到一定的层次后，人们对他们的要求也会更高。张廷玉对此深有体会，他曾写小品文《端正品行》，文中指出："制行愈高，品望愈重，则人之伺之益密，而论之亦愈深，防检稍疏则身名俱损。"当一个人选择做品行高尚的人，他就必须对自己有极为严格的言行要求，因为别人会用更高的标准来评判品德高尚之人的各个方面，对其有超乎寻常的苛刻要求。张廷玉用了一位得道高僧平时谨慎，就因为如厕出来，到溪边洗手而差点被神人击杀的事情，来说明这一点，因为在神人的心目中，一位得道高僧应该做到事事处处为别人着想。溪水是用来供人饮用的，高僧怎么能做出将脏污的手放到干净的溪水中的举动呢？于是，当僧人准备洗手的时候，神人也已经将僧人视为欺世盗名之辈，准备击杀了。所幸的是，高僧在手即将伸进溪水中的时候，想起了溪水是当地人的饮用水这一问题，改为用口吸水，再用口中的水在岸边洗手的方式。在这个故事里，高僧如果没有及时想到问题并改变方案，后果不堪设想。张廷玉认为这个故事虽然缺乏事实依据，但他借此说明一个事实：品行越高，人们的评判标准越苛刻。事实上，历史上有很多人平时不注意细节，获得高位之后，往往因为一些小细节处理不到位而前功尽弃，甚至赔上身家性命。当然，越是有品望的人，往往越会更加严格要求自己。《论语·述而》中，孔子曾经说过"丘也幸，苟有过，人必知之"。社会上拥有较高声望的人，因为自己的任何过失都有人能看到，于是其中爱惜羽毛的人会更加谨慎地做到更好，而这些人往往有可能在最后实现"从心所欲不逾矩"的目标。

品行的提升，需要读书，是为第二纲。张英在《聪训斋语》中指出："积德之语，六经、语孟、诸史百家，无非阐发此义，不须赘说。"读这些书，自然能够帮助品行的提升。此外，即使寒苦的人，只要能读书为文，都能使人不敢忽视，甚至钦敬。因此，张英很重视子女读书。他曾经说过：

读书固所以取科名，继家声，然亦使人敬重。今见贫贱之士，果胸中淹博，笔下氤氲，则自然进退安雅，言谈有味。即使迂腐不通方，亦可以教学授徒，为人师表。至举业，乃朝廷取士之具，三年开场大比，专视此为优劣。人若举业高华秀美，则人不敢轻视。每见仕宦显赫之家，其老者或退或故，而其家索然者，其后无读书之人也；其家郁然者，其后有读书之人也。山有猛兽，则藜藿为之不采；家有子弟，则

图 4-7 清代科举考场，《姑苏繁华图》（局部），徐扬绘

强暴为之改容，岂止掇青紫、荣宗坊而已哉？予尝有言曰：“读书者不贱。”不专为场屋进退而言也。（《聪训斋语》）

短短数句，将读书的功用说得清晰明白。而在具体读书方面，张英所列三目，更清晰地表达了要求子孙读书的次第：温经书、精举业、学楷字。经书的重要性，不只是为举业而立，更是为品行而立。举业和楷字，也是端肃一个人而必须具备的。在习举业方面，张英明确指出：

制义者，秀才立身之本，根本固，则人不敢轻，自宜专力攻之，余力及诗、字，亦可怡情。

学习举业的目的，不是求取功名，而是掌握立身之本。在谈及书法时，张英明确说道：“故作楷书，以端庄严肃为尚；然须去矜束拘迫之态，而有雍容和愉之象。”

学习楷书，是为了养成端庄严肃、雍容和愉的人生气象。

张英主张读书，但不主张所有的书都读。在他看来，如果所读之书非宜，对人的成长并无好处，“若朝花夕落、浅陋无识、诡僻失体、取悦一时者，安可以珠玉难换之岁月而读此无益之文？”即使唐诗宋词，张英也主张学唐不学宋，理由很简单：

唐诗如缎如锦，质厚而体重，文丽而丝密，温醇尔雅，朝堂之所服也。宋诗如纱如葛，轻疏纤朗，便娟适体，田野之所服也。

正因为如此，张英主张在年轻的时候，宜多学唐诗，宋诗不妨到中老年之后再去学习。

做任何事情，缺乏好的身体往往难以成事。因此，张英对子孙进行教育的第三纲列为养身，下列三目：谨起居、慎寒暑、节用度。

张英曾经谆谆告诫子孙，与其拿着钱去请人唱戏，拿着钱去与人一起吃饭喝酒，不如将这些钱拿着去周济有困难的人。因为周济别人，对自己和对别人都有好处。至于那些闲下来的时间，则最好拿去读书或赏山水。

张廷玉更亲身感受着养身的重要性，因为他从小就身体羸弱。弱到什么程度？在他年幼的时候，只要走一里多地，就会感觉困倦难撑。因此，张英及其夫人对张廷玉的身体状况一直很忧虑，要求他在饮食起居上处处留意。张廷玉从小便按照这种要求严格执行。经过几十年的调整，张廷玉到二十九岁以后，身体状态逐渐恢复。到三十二岁以后，张廷玉进入南书房工作，每天早晨七点左右进入南书房，每天晚上九点左右离开南书房，也没有觉得特别倦怠。陪皇帝外出时，往往饮食起居不能按照正常的规律，也没有感觉身体扛不住。这一切，张廷玉认为来自平时对身体的调理。等到张廷玉的身体恢复到一定的程度之后，他也从来不竭力而为，登山游览往往只到山腰便回，进入寺庙中登塔，也只上一两层。这样严格地要求自己保存精神，只是不做竭力之事，常存知足之心罢了。

第四纲为择友，分三目：谢酬应、省宴集、寡交游。张英对于损友的影响，是这样来描述的：

四者立身行己之道，已有崖岸，而其关键切要，则又在于择友。人生二十内外，渐远于师保之严，未跻于成人之列，此时知识大开，性情未定，父师之训不能入，即妻子之言亦不听，惟朋友之言，甘如醴而芳若兰。脱有一淫朋匪友，阑入其侧，朝夕浸灌，鲜有不为其所移者。从前四事，遂荡然而莫可收拾矣。（《聪训斋语》）

这里所提四者，即积德、读书、养身、俭啬，将俭啬从养身中拿出，单独列一纲，说明在家族殷富之后，勤俭节约已经成为家族成员的重要必修课。即使一个孩子在此前已经将积德、读书、养身和俭啬做得不错，如果交友不慎，被朋友忽悠，很容易前功尽弃，这说明择友的重要性。

为了进一步说明择友之重要，张英引用张茂稷的诗句："于今道上揶揄鬼，原是尊前妩媚人。"张茂稷因为喜欢音律、吟咏，不乐仕进，将大把大把的金钱花到了一些不值得花的地方，结交了一群献媚讨好他的人。等他穷困潦倒时，那些曾经对他极尽献媚之能事的人，对他极尽挖苦之能事。于是，张茂稷有了"妩媚人"变"揶揄鬼"的感慨。张英以张茂稷为例，充分说明了损友对人的影响之大。

张英对子女的教育，无论是将其视为四纲十二目，还是五纲十二目，他所列的纲目清晰明确地表达了对子孙后代的爱。诚如张英所说："父母之爱子，第一望其康宁，第二冀其成名，第三愿其保家。"正是基于对子孙后代的爱，张英为子孙后代立下了清晰明确的纲目，一点一点教育子女成长。

或许有人会问，张廷玉不是也写了《澄怀园语》吗？他难道没有纲举目张的家教理念留存至今？是的，他没有。张廷玉终其一生所做的，是将张英的主张落到实处，并为子孙后代从各个角度提供合适的效仿对象。这里蕴含的，是中国独有的孝。孔子曰："三年无改于父之道，可谓孝矣。"张廷玉的做法，显然是大孝子才能为。

言传身教信频传

在安徽桐城西南，有一条长 100 米、宽 2 米的巷子，建成于康熙年间。这条巷子叫"六尺巷"，命名源自张英的一个故事。当时，张英在

图 4-8 桐城六尺巷

京城为官，邻居吴家在盖房立地基时，占用了张家的土地。于是，张家家人写信给张英，希望张英参与，解决此事。张英看了之后，在信上写了几句话，重新寄了回去。这几句话，后来被命名为“让墙诗”，内容是这样的：

千里家书只为墙，（异文：一纸书来只为墙）
让他三尺又何妨。
长城万里今犹存，（异文：长城万里今犹在）
不见当年秦始皇。

朗朗上口的几句话，将张英的胸襟气度展现无余。然而，很少有人看到，这是张英在用书信的方式对子孙后代进行教育。

张英在京为官时，一些孩子随他在京城学习。《携子春游》中记载，他曾经带着张廷瓒、张廷玉、张廷瓘三人出西直门，到法华寺和万寿寺去游玩，赏古松。

图 4-10 万寿寺

当然，张英不可能将全家人都搬到京城居住，除了张廷瓒、张廷玉、张廷瓘这几位之外，多数家人还是在安徽桐城生活。张廷瓒、张廷玉等人，得到张英的言传身教相对较多，而其他人接受的教育，往往是通过书信交流的方式来达成。

张英喜欢山水，心里日夜所系的是安徽桐城龙眠山。张英很喜欢那里的山水，曾经指示自己的家人在那里建亭，修整溪涧，种莲花、养池鱼，并建舟船于上。但因为张英不在桐城，张家对这一带的管理有所懈怠。张英通过信件，了解其中的问题，于是写信给家人，“仆人纸上之树日增，园中之树日减”，因此，督促家人前往稽查，并告知家人稽查的方法。

在家庭管理上，张英认为，大家族应有大家族的规矩。他说：“倘日高客至，僮则垢面，婢且蓬头，庭除未扫，灶突犹寒，大非雅事。”就是说，如果等到太阳晒屁股了，客人都到了，主人一家老小还没有收拾利索，还没有将饭做好，屋子里仍是一团糟，那就不好了。

为了向子孙后代说明这一点，张英讲了何如宠的故事。何如宠在成为进士后不久，有了一次很重要的改变。这一改变，与何如宠的一位同年（与自己同榜或同一年考中的人）到访有关。当同年到何家，看到何如宠一家子还在睡觉，就劝告道：“日高如此，内外家长皆未起，一家奴仆，其为奸盗诈伪，何所不至耶？”何如宠觉得很有道理，从此和夫人严格约束自己的言行，一直到老。何如宠最终也在仕途上取得了很好的成绩。

除了教家人经营田亩、治理家务之外，张英教得最多的，是教子孙后代读书。为了让远在家乡的子孙能够好好地读书学习，张英要求他们“每三六九日一会，作文一篇，一月可得九篇”，这样日积月累，“汝每月寄所作九首来京，我看一会两会，则汝曹之用心不用心，务外不务外，了然矣”。通过书信往来，张英基本上每个月能收到子女在家乡学习的情况，而他的反馈意见，也常常迅速通过批改作业的方式回馈给子孙。

与很多家庭在孩子长大了之后就放飞不同的是，张英对子女的教育和管理，是从始至终的。在张英告老还乡之后，张廷玉等人仍留在京城为官。张英要求张廷玉每天写日记，将自己的情况记下来，每几天邮寄一次回去。已经是成年人的张廷玉，仍旧谨遵教诲，每天写日记向张英汇报行踪和认识。

康熙壬午春，先公予告归里，谕廷玉曰："嗣后可写日记寄归，俾知汝起居近况，以慰老怀。"玉遵命，每日书之。甲申四月，奉命入直南书房。仰蒙圣祖仁皇帝恩谊稠渥，锡赉便蕃，不啻家人父子。且每岁扈从避暑塞外，凡口外山川形胜，风土人物，以及道里之远近，气候之凉燠，草木之华实，饮食日用之微，游览登眺，寓目适情之趣，悉載日记中。越数日，邮寄数纸，以博堂上之一笑。(《澄怀园语》)

可惜，这些日记毁于大火，否则我们能有更多资料来了解清朝康乾

图 4-11 乾隆时期富足的江南地区，《乾隆南巡图卷》第六卷"驻跸姑苏"，清代徐扬绘

盛世。而在了解张氏家族的时候，我们可能也难以忽略这样的事实：忙碌程度远超我们的张廷玉，还会每天遵老父亲的要求，写信并隔三岔五邮寄信件给家人。这种信件的频传，让张家子孙无论身在何处，家人之间都保持着相互的理解与交流。

张廷玉年近八旬之际，经过反复权衡，他做了平生难以见到的一个决定：在乾隆刚刚经历丧子之痛时，毅然决然离开了朝廷。他的离开，一度让乾隆皇帝非常恼火。没有人知道，张廷玉为什么会有这样的决定。但在他离开朝廷之后，他为张氏子孙留下了一些值得我们深思的保家规则。

这些规则，张廷玉或者用名人名言略做点评，如：

陆放翁作《司马温公布被铭》曰："公孙丞相布被，人曰诈。司马丞相亦布被，人曰俭。布被，能也，使人曰俭不曰诈，不能也。"此语殊耐人思。

同样是宰相，同样是睡觉时盖用普通的布做成的被子，司马光被人赞誉，公孙弘则被人批评，于是引发了陆游的一番感慨。对此，张廷玉只是将陆游的感慨进行摘录，让晚辈自己去思考。

或者将自己或亲友的经验和盘托出，如：

予少时，夜卧难于成寐，既寐之后，一闻声息即醒。先兄宫詹公授以引睡之法：背读上《论语》数页，或十数页，使心有所寄。予试之果然……盖心不可有著，又不可一无所著也，理固如此。

或者直接写下家族训诲，如张廷玉在写赌博的害处时，这样说道：

先公于赌具中最恶马吊，谓其有巧思，聪明之人一入其中，即迷惑而不知返也。曾刻一印章，曰："马吊淫巧，众恶之门；纸牌入手，非吾子孙。"时先公官京师，玉居里门，命于写家禀时，用此印章于楮尾，触目警心。玉谨受教，终身未尝习此。今年七十有五矣，吾知免，夫愿吾子孙共守之也。

可以说，无论是张英还是张廷玉，他们时刻都在注意着对家庭成员的教育。不仅要求家族成员做到，而且要求自己首先做到。言传身教中，不断将修身、齐家的方法传递给子孙。子孙若不在身边，也会用书信及时传递教育理念和教育方法。正是这样的教育，让张氏家族不仅在清朝荣显百年，还在未来的岁月里，得以平安和顺。

袁世凯的育子经

文 | 南京师范大学附属中学　傅平

在叱咤风云的晚清和民国历史上，曾任中华民国大总统的袁世凯子嗣众多。仅从儿女辈而言，袁世凯就有儿子 17 人，女儿 15 人。生养了这么多的子女，袁世凯作为一位父亲是如何教育儿女的呢？在当时“重男轻女”还很严重的社会风气下，袁世凯是如何区别教管儿子和女儿的呢？作为当代人，我们又能从袁世凯的“育子经”中借鉴到什么呢？

督促养成好习惯

袁世凯早年因为忙事业常常“浪迹天涯”，念家总会萦绕在心头，因此往往借书信来表达对家人的思念和记惦。如果家里较长时间没有回信，袁世凯常常担心无比：

图 5-1 中华民国大总统袁世凯与外国驻华公使合影

匝月未接家报，未识慈亲康宁否？小儿顽健否？系念殊深。嗣后于每月终，务发一家信来韩，将一月中堂上之起居，及阖家大小之动静，均须详细记载，使余身居异域，常常得悉家中近况，庶免内顾之忧。

而在早年的袁世凯家书中，处处流露出夫（父）爱的真切情感。如在于夫人产后，袁世凯甚是挂念，在信中写道：

尔体可复原否？产后调养，务宜分外谨慎。若乳汁旺，小儿以自哺为宜；不旺，必须雇用乳娘。当选择年轻而无皮肤病及传染病者，则小儿食其乳，庶无后患。

待到大儿子大了，袁世凯常常嘱托于夫人对其进行严格教育：

大儿已届学龄，大哥家中如仍延请教读，就近附读最为合宜。散学后，不宜取放任主义，听其嬉戏，当施以家庭教育，择有益儿童之故事与之讲解，或讲有兴味之童话，使彼久闻不厌，既可启发其智识，又可收束其野心。

后来家里的孩子多了，袁世凯也敦促于夫人无论是否是自己亲生，都要给予平等教育，不要溺爱，要用正确的方法去教育。当然，除了叮嘱妻子严厉教导儿女外，袁世凯也时常亲自给儿女写信，督促儿女认真读书，有时还为孩子购书、寄书，叮嘱孩子读书："兹寄回《子史精华》及廿四史，共装四木箱，到家日宜开箱检点，外面贴有封条，谅不致遗失也。内有笔墨两包，分给尔诸弟习字之用。"甚至亲自为儿女制订每日计划，为他们的"立身课程"支招儿：

早起：黎明即起，醒后勿贪恋衾裯；习字：早餐后习字五百，行楷各半；读经：刚日读经，一页未完，勿易他书；读史：柔日读史，日以十页为限，见有典故及佳句，随手分类摘出，以资引用；作文：以五十为作文期，以史论时务相间命题，兼作诗词；静坐：每日须静坐一小时，于薄暮时行之，兼养目力；慎言：言多必败，慎言，即所以免祸；运动：早起、临睡，须行柔软体操；省身：每日临睡时须自省，一日做事，可有过失，有则勿惮改，无则加勉；写日记：逐日记载，毋间断，将每日自早至夜，所见所闻所做之事，一一记出。

在这封家书中，袁世凯对儿子袁克文的日常生活、学习、做人做了细致入微的指导——生活上要求早起、静坐、运动、写日记；学习上要求习字、读经、读史、作文；做人上慎言、省身。直到今天，袁世凯的育子之道仍具有现实的启迪意义。孩子除了学习之外还要健身，除了修身之外还要做人。孩子的德智体美全面发展不应只是一个华丽却空洞的口号，而应是具体的行动和过程。

图 5-2 袁世凯次子袁克文

重视儿女教育

袁世凯一直提倡重视教育，在晚清为“人臣”时，是清末新政的关键人物，是当时新政实施的健将，曾上书极力主张废除科举制度，积极提倡开办新式学堂，鼓励留学西方，建议实行“西方式”教育。而为“人父”时，袁世凯对儿女的教育从幼年时就抓得很紧，早在袁世凯在天津担任直隶总督时就已经为姨太太和女儿们设立了专门女馆，而儿子们到新学书院接受新式教育。当袁世凯担任中华民国大总统入住中南海后，袁世凯在家中开设了男、女两个专门的学馆以供儿女学习。专馆的馆内设置、课程内容和方式与那时的学校大体一致，家塾老师也是袁世凯专门精挑细选的一流人才。

据袁世凯的三女儿袁静雪（原名袁叔祯）回忆，男馆设在北海五龙亭附近，由后来南开大学创始人严修总管，其课程设置与当时的新式学堂一样，除了教授汉文、算术、历史、地理之外，还教授英文、体操等。方地山、董宾吉等教授汉文，英文由一位外教教授。馆内有专门的厨房供应师生饮食，还专门雇用一些男用人摇铃、打扫卫生等。不论是老师还是学生，一律住在馆内。当然，如果学生结了婚，就可搬回中南海，但必须还要来上课。

图 5-3 严修

女馆课程设置与男馆相同，只是没设体育。上课时间安排是上午 8—12 点上四节，下午 1—5 点上四节，每节课为 50 分钟。而讲授老师都是天津女子师范学校的高才毕业生，如杨蕴中（教《古文观止》)、董文英（教“四书”）教授汉文，唐尹昭教算术，一位英国人苏姑娘教英文。女馆按照文化程度分为第一、第二、第三三个班。至于考查学生的学习状况，还是采用考试的形式，考试分两种，一种是暑假前举行的小考；另一种是年假前的大考。每次考完试，老师都会记分数、定名次。女学生不必住在馆内，但规定要与女老师一起吃饭，至于女馆老师们的起居，她们也住在专馆里，由专门的女用人来伺候。馆内女老师的薪水是每月 100 元，在当时说来，应该算是相当优厚了。可见，袁世凯在儿女教育上金钱投入之大。

袁世凯和旧式书生不同，他深得当时风气之先，待到孩子即将走上社会，需要接受更系统的教育时，袁世凯会尽量将孩子送到国外念书，且希望孩子们留心实学。长子袁克定曾到德国留学，五子袁克权、六子克桓、七子克齐跟随严修出游欧洲各国，就读英国；九子克久、十子克坚、十一子克安、十二子克度同时到美国留学，这为他们后来成才奠定了基础。从袁氏兄弟接二连三地远涉重洋这一点看，毋庸置疑，袁世凯对儿子们寄予了很大的期望。

学习生活严要求

爱之深，责之切，袁世凯对孩子们的疼爱常常表现在“严”字上，在家书中常常显示出对孩子的严格要求。袁世凯认为“当今外交需才，练习英、德文，诚属当务之急”，于是想聘请一个德国人教授袁克定英文、德文，但袁又担心袁克定将中文落下，就写信语重心长地教诲克定，必须多读多写，要努力成为一个“学贯中西，才通今古”之人。“若仅通西国语言文字，只能作洋行买办”，不足以被当世器重。待到袁克定与吴大澄之女吴本娴定亲，袁世凯急忙给于夫人写信：

尔须教训大儿，以后当格外勤习中西文字，并练习书法，盖乃岳系名翰林，所书篆隶当代推为第一。若小子胸无点墨，何颜作彼家之娇客？

“门当户对”从来都不是一个伪命题，即使是政坛枭雄的袁世凯也在江南望族、书香世家——吴家面前感到心虚。无怪乎，以武力晋升的袁世凯屡屡劝诫孩子致力“学问”，并不惜花费血本来为孩子提供最好的教育。

袁世凯隐居洹上村时，亲自为家塾拟定了《训家塾诸生条规》11条，比如他禁止孩子们看小说等文学作品，因为“其小说诸书，易乱心曲”；对于“嗜好之物，如烟酒等类，亦切忌入口，以重卫生”等，袁还制定了犯规罚戒简章。袁世凯为孩子设定的条规，就是我们现代“学生守则”的前身。与“学生守则”相比，对“学生”行为的规范，有过之而无不及。

除了学习，袁世凯对孩子的生活方面要求也特别严格，其对“少爷”作风十分反感，希望儿子不要沾染上恶习，曾对袁克文谆谆教诲：

所患者尔年少气盛，沾染华贵恶习太深，食必美味，出必乘轩，俨然显宦公子，以为非如是则有亵身分，大误大误。曾文正为中兴第一名臣，出将入相，功业高出我万倍，其教训子弟，谆谆以戒奢华，尚节俭为唯一要旨。原来骄奢淫逸为败家之根，温良恭俭为立身之本，只闻以骄傲惹人厌弃，未有以俭朴令人讥笑者也。凡为大臣之子弟，当以道德文章为人所器重，则良弓良冶，克绍箕裘，自属意中事尔。

但袁世凯的“父严”没有带来孩子们的“子爱”，袁氏兄弟各个对父亲怕得要命。在袁克齐（袁世凯第七子）的回忆中，记载着父亲对他们教育的严格和兄弟们对父亲的畏惧：

父亲对我们兄弟的教育是认真的，请了各科老师来教育我们。先请任课的老师吃饭，饭后交戒尺（一尺多长两寸多宽的木板）一个，并说，如果孩子们不听话，就用此尺打他们的手心，不要宽纵。我们怕老师，但更怕我父亲。因为父亲每月必看我们的考试卷，如果得了坏分数，他那种严肃的面孔，不留情的申诉，是谁也受不了的。

更糟糕、更可怕的是，当孩子们犯了错误，袁世凯甚至用皮鞭或木棍抽打，即使是已经结婚成家的儿子，也不能免。据袁静雪说，因为三哥克良不爱读书，又娶了唱戏的孙宜卿做姨奶奶，所以父亲最不喜欢他，挺大的人了，有时也要挨打。

相比之下，袁世凯对待女儿的教育却是另一番态度，据袁静雪叙述，袁世凯从来没有到专馆检查过她们的功课，也没有和女老师研究过教学问题。逢年过节，对于女老师的拜访，也总是“挡驾”不见。对于女儿的管教，一般都是由各自的妈妈负责，袁世凯是很少过问的。这种截然相反的表现，或许从他给于夫人的信中能找到些许的原因：

养儿不教父之过，养女不教母之惰……唯教女与教子，截然不同。教子重学问，教女重贤德，造就其成贤母良妻耳。读书不必求高深学问，只须聘普通女教习，课以《女孝经》《女四书》，并须兼课女红……女儿更宜教之以寡言笑，尚端庄，戒奢华，知节俭，勿效时下装束，勿染西洋习气，则将来何患不得佳婿？

由此可见，在传统的中国社会，父母在儿女教育上存在着明显的“分工”。并且对于儿女教育的目的也不同，于儿子，须将其塑造成“男子汉”“大丈夫”与“正人君子”；与女儿，要将其培养成“贤母”“良妻”与“大家闺秀”。当然，袁世凯的教育有其他的局限，但我们也不能一味地求全责备，男女之别（在某种程度上是“重男轻女”）在当时社会仍很普遍。即使袁世凯，也算是个新派人物，但也没有挣脱历史传统的影响从而在历史惯性中“刹住”。与其说是袁世凯教育的局限，不如说是时代的局限！

袁世凯的“育子经”，在今天看来，有优点也有不足，但其要点，尤其是严格要求、修身做人，最值得我们注意。无论袁世凯本人生前身后有过多少品行的非议与怀疑，对于自己的孩子，他作为父亲有着最朴

图 5-4 清末一位富有的茶叶商人的妻子

素与实在的希望，希望儿子人格高尚、严于律己，期盼他们能够做正人君子，能够跻身“士林”，有所作为；希望女儿端庄稳重，做贤妻良母。袁世凯曾在早年“示次儿书”中对袁克文嘱咐：

余不望子孙得高官厚禄，但愿能简朴持家，能得一秀才，诗礼家声历传不替，于愿足矣。

尔当谨遵训言，芟除干禄之念，唯以改过迁善，戒奢除骄，入则笃行，为诸弟作则；出则由言得社会信用，便是袁氏佳子弟也。

图 5-5 袁世凯的葬礼

袁世凯逝去的 100 年以来，袁氏家族依旧一代又一代努力而精彩地延续着，袁家子孙倒真的再也没有出现特别显赫的“高官厚禄”，绝大多数成为教师、物理学家、实业家等知识分子，不仅“诗礼家声历传不替”，而且将“诗礼”传播给社会。

一门三院士
——梁启超的育子经

文 | 南京师范大学附属中学　傅平

“我这几个儿子真有趣，思成盖房子，思忠炸房子，房子垮了埋在地里，思永又去挖房子。”这句话是王桂荃女士对他的三个儿子（学建筑学的思成、学军事的思忠、学考古的思永）专业的幽默描述。

图 6-1 王桂荃

当然，对不熟悉民国历史的人来说，思成、思忠、思永以及他们背后伟大的母亲——王桂荃这四个人的名字或许有点儿陌生，但三位孩子的父亲却是谁都知道的，那就是大名鼎鼎的梁启超（任公）先生。

梁启超有九个儿女，在其精心栽培下，个个成才，成就非凡，他们就像一组璀璨的明星共同再创了梁氏家族新的辉煌：

长女梁思顺——一代才女，在诗词曲赋方面有很高的造诣，著有《艺蘅馆词选》；

长子梁思成——中国近代建筑学的奠基人，东北大学、清华大学建筑系的开创者，联合国大厦设计者之一，中华人民共和国国徽图案及人民英雄纪念碑设计工作的领导者和参加者，怀仁堂整修的指导者，于1948年当选为中央研究院第一届院士；

图6-2 扬州大明寺鉴真和尚纪念堂，梁思成设计作品之一

二子梁思永——中国现代考古学和考古教育的开拓者之一，是我国第一个受过西洋近代考古学正式训练的学者，1948年当选为中央研究院第一届院士；

三子梁思忠——美国西点军校的高材生，归国后任国民革命军第十九路军炮兵上校军官，但不幸英年早逝；

次女梁思庄——著名图书馆学家，被公认为全国首屈一指的西文图书编目专家；

四子梁思达——著名经济学家，长期从事经济学研究；

三女梁思懿——著名社会活动家，“一二·九”运动中的学生骨干，先后任山东省妇联主席和中国红十字会对外联络部主任，多次代表中国参加国际红十字会议；

四女梁思宁——新四军，是一位老革命家；

五子梁思礼——中国导弹和运载火箭控制系统的学术带头人，中国航天事业的奠基人之一，1993年当选为中国科学院院士。

梁氏家族创造了一门三院士（梁思成、梁思永、梁思礼）的奇迹，这在中国科学史上是绝无仅有的，即便是放之于世界，也是不多见的。梁家满门俊秀，自然与梁启超的言传身教密不可分。作为父亲，梁任公是如何教育子女的呢？作为当代父母，我们又能从梁任公身上借鉴到或学习到什么呢？

图6-3 梁思礼与妻子麦秀琼

治学之旨：趣味学习

1922年4月10日，梁启超在直隶教育联合研究会上讲演《趣味教育与教育趣味》，开门见山地讲道：

假如有人问我："你信仰的什么主义？"我便答道："我信仰的是趣味主义。"有人问我："你的人生拿什么做根柢？"我便答道："拿趣味做根柢。"

由此可见，梁启超是个地地道道的趣味主义者。这种"趣味"是他的信仰与追求，贯穿于梁启超学问与生活的始终。

作为父亲，梁启超在教育子女方面同样推行"趣味教育"，他往往充分尊重子女的个性，根据他们的兴趣爱好因材施教。在二女儿梁思庄的专业选择上，梁启超出于国家现代生物学是空白的考虑，有意让女儿思庄主修生物学，但是由于各种因素，思庄学了很长时间，对生物学没什么感觉，始终提不起兴趣。她将自己的心事告诉了二哥梁思成，梁启超从思成那里得知此消息后，急忙写信安慰女儿：

庄庄，听见你二哥说你不大喜欢学生物学，既已如此，为什么不早同我说。凡学问最好是因自己性之所近，往往事半功倍。你离开我很久，你的思想近来发展方向我不知道，我所推荐的学科未必合你的式，你应该自己体察作主，用姐姐哥哥当顾问，不必泥定爹爹的话。

后来，思庄改学自己感兴趣的图书馆学，考入了哥伦比亚大学图书馆专业，回国之后成为著名的图书馆专家。如果梁启超不顾思庄的兴趣硬要将其拉在没有"趣味"的生物学上，恐怕当时中国生物学空白不一定能填补上，还很有可能痛失一位出色的图书馆专家！梁启超依据孩子的兴趣让孩子"趣味"学习和工作，无疑是最明智的。

图 6-4 哥伦比亚大学图书馆

由于梁启超特别推崇“趣味”，所以他特别鼓励孩子们在学好专业之外，还要有使自己娱乐的学问。长子梁思成在清华大学求学期间，不仅成绩优异，业余爱好也十分广泛，音乐、美术、体育样样在行。钢琴、小提琴、小号、短笛，也十分擅长（曾经担任过清华管乐队的队长），爬高、爬绳、跳绳相当厉害（曾在全校运动会上获跳高第一名）。梁启超对思成的活跃表现相当满意，而当思成到美国求学，只专注于自己所学的专业时，他很是担心，于是立即写信教诲：

关于思成学业，我有点意见。思成所学太专门了，我愿意你趁毕业后一两年，分出点光阴多学些常识，尤其是文学或人文科学中之某部门，稍为多用点功夫。我怕你因所学太专门之故，把生活也弄成近于单调，太单调的生活，容易厌倦，厌倦即为苦恼，乃至堕落之根源。

原来在梁启超的眼里，学问并不是第一位的，趣味学问带来的生活趣味才是宗旨！

修身之道：磨砺品格

孟子云："生于忧患而死于安乐也。"梁启超很好地把孟子的这种忧患意识运用到了家庭教育上，鼓励儿女们在困难和挫折中磨砺品质。

1923 年，梁思成在出国前夕外出不幸遭遇车祸，伤得很重，并留下了腿部终身残疾。梁启超得知消息后，最担心的不是思成身体上所受的伤害，而是担心他精神上因此受到重创，从此失去对生活的信心和勇气，他急书劝慰梁思成：

人生之旅历途甚长，所争决不在一年半月，万不可因此着急失望，招精神上之萎畏。汝生平处境太顺，小挫折正磨炼德性之好机会。

父亲的谆谆鼓励和教导，使梁思成在挫折面前坦然面对，这成为他一生中最重要的财富。待梁思成留美归来，在清华大

图 6-5 当代东北大学的校徽

学和东北大学的任教选择上举棋不定时，他最终顺从了父亲的心意，选择了条件艰苦、待遇远远不如清华大学的东北大学。这何尝不是梁启超的真知灼见呢？人格的磨砺为梁思成后来的发展奠定了坚实的基础。

而当儿女在事业上遭遇不顺时，梁启超常常教诲他们“尽人事，听自然”。大女儿梁思顺的丈夫周希哲（国贤）是哥伦比亚大学国际法学博士，毕业之后长期担任北洋政府驻菲律宾、缅甸和加拿大等国的领事和总领事，外交事业上总免不了磕绊。梁启超经常写信给思顺，安慰她不要因为希哲事业上的不顺而不知所措，认为处在“困难境遇正是磨炼身心最好机会”，应该“要多谢上帝玉成的厚意”，“在这个当口儿做到‘不改其乐’才行”。

在 20 世纪二三十年代特殊历史背景下，大学生就业难是很普遍的现象，如今我们熟悉的“毕业即失业”这种无奈而彷徨的说法在 20 世纪 30 年代就已十分流行。而针对这种就业难的情况，梁启超在家书中有言：

> 我想你们这一辈青年，恐怕要有十来年——或者更长，要捱极艰难困苦的境遇……把自己的身体和精神十二分注意锻炼、修养，预备着将来广受孟子所谓“苦其心志，劳其筋骨，饿其体肤，空乏其身，行拂乱其所为”者。

吃得苦中苦，方为人上人。人生漫漫，即使是惨淡人生，也要学会处忧，学会直面，学会笑迎。这是梁任公对子女的勉励。

齐家之道：相互尊重

在“父权社会”的家庭中，父亲有绝对的权威，父亲说的话是“圣旨”，儿女们只有“遵旨”的份。但梁启超在尊重孩子方面显然是时代的先行者。梁启超懂得尊重孩子的独立人格，做决定之前先聆听一下孩子们的心声，征求一下孩子们的意见和建议，像朋友似的与孩子们交流，常常以“你说好吗”“你的意见如何”“你的主意何在”等商量的口吻与孩子交谈。

更为难得的是，梁启超在子女的婚姻大事上也能持开明的态度。他替子女们挑选对象，但最终的决定权在子女自己手上，他从来不会横加干涉。梁启超的学生周希哲是一位出身贫寒的马来西亚华侨，思想进步，拥护维新变法，梁启超非常看重他，特别希望他能成为自己的女婿。后来梁启超将希哲介绍给最疼爱的宝贝闺女思顺，先让他俩相处一段时间，相互了解一下，看看俩人是否合适。后来，在思顺同意这门亲事的情况下，周希哲“入赘”梁家，成了梁家的“入赘”女婿。据说，当年他俩结婚时，周希哲还是坐着花轿来到梁家的呢。待到梁思成与才女林徽因“约定成婚”，感情日深时，梁启超在给梁思顺的信中还自得地提到自己的得意婚姻之作：

我对于你们的婚姻，得意得了不得，我觉得我的方法好极了，由我留心观察看定一个人，给你们介绍，最后的决定在你们自己，我想这真是理想的婚姻制度……徽因又是我第二回的成功。

当然，其本质上还是一种融传统观念与现代作风于一体的婚姻方式，但在当时的社会，有这样的开明却是难得可见的。

作为父亲，梁启超从来没有以“父亲”的名义要求孩子、斥责孩子，而是尊重孩子，放手让孩子做自己想干的事、能干的事。他不仅仅是父亲，还是孩子们学习中的导师、生活中的朋友、道德上的引导者。

图 6-6 梁思成一家与朋友合影（左二为梁思成，正中的女性为林徽因）

治国之要：各尽其能

梁启超的九个儿女共同的特点除了个个有才之外，还都有一颗炙热的爱国心。九个子女中先后有七人曾到西方留学，各个学贯中西，博通古今，成为各行业的专家。但没有一个为享受西方优厚的物质待遇而留在国外，都在学有所成之后，投身到国家的建设之中。几十年来，他们在各自的岗位上尽职尽责，对国家做出很大的贡献。没有出国的两位子女（梁思达、梁思宁）也为祖国贡献了自己的才智。

梁氏子女炙热的爱国之心与梁启超的爱国教育密不可分。梁启超在孩子很小时就在家里讲爱国英雄的故事，在日本时，每天晚饭后孩子们围坐在一个小圆桌旁，梁启超一边怡然自得地喝着酒，一边兴趣盎然地给他们讲故事，其中多是民族英雄抗击外来侵略者的历史故事。孩子们

图 6-7 梁启超饮冰室别墅客厅，孙洁摄

从小耳濡目染，爱国心渐渐深藏于心。孩子们长大后，梁启超也不忘教育孩子各尽其能、报效国家。他对孩子们的职业、人生规划，也往往是立足国内，期盼孩子们能实业救国。

梁启超对国家的前途命运怀有深深的忧思，他曾语重心长地告诫儿女们，国家面临内忧外患，情况堪忧，无论如何要尽“救国”职责。1927 年 1 月 27 日，他在“致孩子们”的信中提到：

> 中国病太深了，症候天天变，每变一症，病深一度，将来能否在我们手上救活过来，真不敢说。但国家生命、民族生命总是永久的（比个人长的），我们总是做我们责任内的事，成效如何，自己能否看见，都不必管。

中国“病入膏肓”，但却不能放弃。由此看出，梁启超爱国之心至真至切！

在父亲梁启超的熏陶感染下，梁家子女继承了父亲爱国“衣钵”，为中华民族的崛起而奋斗。抗日战争期间，中国的环境异常艰苦，但梁启超的儿女陆陆续续回国，与祖国共患难。梁思成、林徽因夫妇在学业完成后，回到饱经磨难的祖国，在抗战期间深受身体病痛和物质贫困的双重折磨。当时有一所美国大学的科研机构想聘请他俩工作，但他俩立即拒绝了，思成说：“我们的祖国正在灾难之中，我们不能离开她，哪怕仅仅是暂时的。”

梁家子女的爱国心、民族情令世人称道。梁启超的好友徐佛苏在《梁任公先生逸事注》中写道：“又先生四十年之中，脑中绝未忘一‘国’字……”而对于爱国的梁氏儿女们，何尝不是呢？

而在“治国”之后梁启超还有“平天下”的理想，梁氏子孙热心公益事业，其实就是在践行梁启超的“世界主义”理想。在抗日战争时期，每个中国人无不对日本侵略者深恶痛绝。但面对着美国可能将日本历史名城——奈良作为轰炸的目标时，梁思成毅然决然地向美国提出建议，最后使得奈良免遭战火，人类文明的遗产得以保留。梁思成超越了狭隘的民族之情，更带有“天下为一家”的“世界大同”的意味。这种广阔的胸怀离不开梁启超对子女进行的“恩报社会”的教育。

记得曾经有人说过，梁启超一生最大的成功不在于他的“亦官亦学”，而是其对儿女的教育。梁启超言传身教培养着自己的儿女，梁启超的子女也谨奉着父亲的教诲，用实际行动书写着各自精彩的历程。

一嫡一庶：朱元璋的两种教子方式

文 | 南京大学　张景瑞

朱元璋一生南征北战，艰苦创业，最终建立了大明王朝，他深知创业难，守业更难，所以十分重视对皇子的教育。通过栽培皇子，朱元璋力图实现建立一个家天下的高度中央集权的王朝。

庶子：朱棣的真实身份

朱元璋共有 26 个儿子，16 个女儿。《明太宗实录》《明史》等正史记载燕王朱棣之母为马皇后，实则是朱棣于靖难之役后为树立自身合法性而篡改的史实，不足为信。关于朱棣生母大体有 5 种说法。一是马皇后生 5 子，朱棣为第四子；二是马皇后生 2 子，即朱棣与周王；三是马皇后生太子朱标、秦王、晋王、周王，朱棣为达妃之子；四是朱棣之母为元顺帝妃子；五是朱棣之母为碽妃。

经过古今学者的考证，朱棣之母实为碽妃。明代中后期即有学者对朱棣生母的身份产生疑问，万历时人何乔远曾于南京见到《太常寺志》，该志明确记载朱棣为碽妃所生，这与玉牒记载朱棣之母为马皇后冲突，何乔远一时也无法分辨真假。南京《太常寺志》还记载碽妃在明太祖孝陵配享神位中的位置是“穆位第一”，这更是彰显了碽妃的特殊地位。太常寺作为掌管皇家宗庙礼仪的官署，对祭祀事宜记载的可信度极高。南明弘光朝，名士钱谦益还利用自己身为礼部尚书的便利条件，打开孝陵寝殿一探真假，果如南京《太常寺志》所言。而现代著名史学家吴晗与黄云眉均曾考证过这一问题，都得出碽妃是朱棣生母的结论。

图 7-1 马皇后像

朱元璋出身贫苦的农民家庭，儿时曾跟蒙馆老师上过几个月的私塾，认得一些字，但远远达不到行文作诗的程度。后来遭遇战乱与灾荒，朱元璋便四处流离，为生存出家于皇觉寺，四处云游化缘，不可能有学习的机会。从军后，随着不断与文人接触、交往，朱元璋的文化水平不断提高，经过十几年的学习，中年后的朱元璋不仅能够写通俗的口语文字，行文作诗不在话下，还精通史书，具备了欣赏、评价文学作品的能力。朱元璋自身的求学经历令其深深明白文化教育的重要性，因而在对下一代的教育方面不遗余力。朱元璋十分注重家族伦理、礼仪的教育，提倡孝道，遵循亲亲尊尊思想，而等级制度又是孝道的重要内容，因此，朱元璋对嫡长子即太子与其余诸子的教育安排各有侧重。这一教育侧重差异，更是深刻地反映了朱元璋对家天下权力的布局，即太子是主理内政的未来天子，其余诸子是镇守各地的帝王助手。太子朱标与燕王朱棣的成长就是朱元璋践行两种教育方式的代表。

实习政事：朱元璋对太子朱标的培养

图 7-2 朱元璋与马皇后的陵墓——明孝陵（明楼）

自秦始皇确立皇帝制度以来，皇位继承制度一直是一朝的关键制度之一，对政局稳定有着至关重要的作用。朱元璋在明朝立国前就对皇位继承有所考虑，元代皇位继承的混乱给他留下深刻的教训：

> 大德废长立幼，泰定以臣弑君，天历以弟鸩兄，至以弟收兄妻，子烝父妾，上下相习，恬不为怪。其于父子、君臣、夫妇、长幼之伦，渎乱甚矣。

因此，朱元璋明确确立了嫡长子继承制度。在封朱标为皇太子的册文中，朱标的嫡长子身份被充分强调：

国家建储，礼从长嫡，天下之本在焉……今基业已成，命尔标为皇太子。于戏！尔生王宫为首嗣，天意所属，兹正位东宫。

而太子的品行又与国势的兴衰密切相关，因此在诸子中，朱元璋对太子朱标的培养最为尽力。朱标生于至正十五年（1355），在朱元璋为吴王时，被立为世子，洪武元年（1368）正月被立为太子。

朱元璋十分注重太子德行的培养。早在朱标六岁时，朱元璋就令其跟从名儒宋濂学习经学，立国后，又为朱标配置一帮德高望重的文武大臣作为东宫官属，其中不乏刘基、章溢等知识渊博之人。

图 7-3 宋濂像

朱元璋曾对太子宾客王仪等人说：

朕命卿等辅导太子，必先养其德性，使进于高明。然后于帝王之道，礼乐之教，及往古成败之迹，民间稼穑之事，朝夕与之论说。日闻谠言，自无非僻之干。积久以化，他日为政，自然合道。卿等勉之。

又教育朱标道

天子之子与公卿士庶人之子不同。公卿士庶人之子系一家之盛衰，天子之子系天下之安危。尔承主器之重，将有天下之责也，公卿士庶人不能修身齐家，取败止于一身一家，若天子不能正身修德，其败岂但一身一家之比？将宗庙社稷有所不保，天下生灵皆受其殃，可不惧哉！可不戒哉！

在如此强调品行的教育下，朱标与朱元璋严刑峻法的形象形成剧烈的反差，仁爱宽厚，多次为犯错的弟弟们求情，在诸王中威信极高。

在朱元璋来看，强调德行教育是远远不够的，更重要的是磨炼太子治国理政的能力。为此，朱元璋早早就让朱标主持部分祭祀活动，之后更是令其直接参与处理政务。

“国之大事，在祀与戎。”祭祀作为古代最关键的两件大事之一，意义之重要不言而喻，而古代祭祀的对象多种多样，从天地、宗庙到自然山川。朱元璋为历练太子朱标，主要令其主持祭祀皇陵与祖陵。在朱元璋还是吴王时，就有意让身为世子的朱标祭祀皇陵。吴元年十月，13 岁的朱标奉命率领弟朱樉回凤阳老家祭祀祖父母之陵寝，沿途所经过郡城城隍庙、山川之神，皆祭以少牢。当然，此行不仅仅只是为祭祀这么简单，朱元璋还有更深刻的意图：

儿生长富贵，习于晏安。今出旁近郡县，游览山川，经历田野，其因道途险易以知鞍马勤劳，观闾阎生业以知衣食艰难，察民情好恶以知风俗美恶，即祖宗所居，访求父老，问吾起兵渡江时事，识之于心，以知吾创业不易。

的确，朱元璋诸子生长于深宫，从小就享受着衣食无忧的优越生活，父亲儿时颠沛流离、饥寒交迫的生活对他们来说已是很陌生的事情，朱元璋希望通过祭祀祖先令太子体会到创业之艰辛，更利于其坚定守成之决心。此外，诸如祭旗纛、摄北郊等祀礼也由朱标主持，而祭祀天地、宗庙、社稷等重大祭祀活动，朱标必定会在场旁观。朱元璋如此安排，无疑是在培养太子的参政意识和经验。

最能体现朱元璋对朱标予以重大期望的是，自洪武十年（1377）始，朱标被允许参与政务，“令自今政事并启太子处分，然后奏闻”。对这一安排，朱元璋解释道：

自古创业之君，历涉勤劳，达人情，周物理，故处事咸当。守成之君，生长富贵，若非平昔练达，少有不谬者。故吾特命尔日临群臣，听断诸司启事，以练习国政。惟仁不失于疏暴，惟明不惑于邪佞，惟勤不溺于安逸，惟断不牵于文法。凡此皆心为权度。吾自有天下以来，未尝暇逸，于诸事务惟恐毫发失当，以负上天付托之意。戴星而朝，夜分而寝，尔所亲见。尔能体而行之，天下之福也。

朱元璋之勤政，古今罕见，尤其是废除中书省后，朱元璋亲自处理的政务更多。吴晗先生曾统计过，自洪武十七年（1384）九月十四日至二十一日，八天时间里，朱元璋看了1660件奏札，共处理3391件事，平均每天要处理400多件事，可谓是起早贪黑，“戴星而朝，夜分而寝”并非虚言。朱元璋之所以令朱标参与政务的处理，既是锻炼其执政能力，也是早早让其体验执政之不易。

另外，朱元璋自建国后，一直抱有更换京城的想法，一度要将凤阳老家作为都城，甚至付诸了实践，在凤阳大兴土木，然而，凤阳的格局注定其无法承担京城的重任，这一设想未能兑现。朱元璋又把目标转向历史名城西安，洪武二十四年（1391）八月令太子朱标前去观察风俗，衡量建都的可行性。在文武官员的护送下，朱标启程，然而刚渡江，天象有变，朱元璋连忙传谕太子：

尔昨渡江，震雷忽起于东南，导尔前行，是威震之兆也。然一旬久阴不雨，占有阴谋，宜慎举动，严宿卫，施仁布惠，以回天意。

其中蕴含着父亲对爱子的深切关怀。朱标回京后，献上了西安的地图，但身染重病，病中还向朱元璋表示了自己对于建都的看法。遗憾的是，次年四月，朱标不幸病逝。

对于朱元璋而言，朱标的病逝是一个无比沉重的打击，不仅是因为白发人送黑发人的悲痛，更是因为丧失了自己倾注心血培养的皇位继承人。朱元璋对太子成为一名德行出众、守成有功的君主的期望，伴随着朱标的逝世而破灭。

练兵防边：朱元璋对朱棣的历练

朱元璋在大兴冤案，对功臣，尤其是武臣大肆屠杀的同时，安排皇子们或是前往北方边疆守边，或是派往内地重要城市驻守。燕王朱棣就是在北方守边的诸子之一。朱棣生于元至正二十年（1360），洪武三年（1370）被册封为燕王，这注定朱棣未来要在北方一展拳脚。洪武九年（1376），朱棣跟随太子朱标前往凤阳，讲习武事，同年，朱元璋为朱棣操办了婚姻大事，为朱元璋立下赫赫战功的大将军徐达成为朱棣的岳父。四年后，朱棣正式前往他的封地北平，入住了大元政权留下的皇宫，这显然超过了礼制的规定，而朱元璋对此安排的解释是

图 7-4 明成祖朱棣像

燕王府用大元皇宫就不需要另外施工建设新宅了。

朱棣作为北方藩王，其主要任务就是守边。元朝在中原的统治虽然被推翻，但北元[1]政权依旧存续于长城以北地区，双方不时交战，却均无法占据压倒性优势。朱棣所在的北平，既是元朝故都，又是距离北元政权所在地最近的要地，因而军事压力较秦王、晋王更大。朱棣抵达北平最初的几年，军事活动都是由岳父徐达主持，而洪武十八

[1] 北元：1368年，朱元璋攻占大都，推翻元朝的统治。元顺帝出逃塞外，他去世后，皇太子爱猷识理达腊即位，定都和林。历史上称这一时期的蒙古政权为“北元”。

年（1385）徐达去世后，朱棣逐步地承担起守边的重任。为实现这一目标，朱棣在北方或是主动出击北元，或是积极提兵备边。正是在这种环境下，朱棣日渐成长，在诸子中显露头角。

图 7-5 徐达像

洪武二十三年（1390），朱元璋为给予北元沉重的打击，决定北征，命燕王朱棣与晋王朱棡担任主帅，分别带领北平与山西的兵马出征，而为他们保驾护航的还有身经百战的颍国公傅友德、南雄侯赵庸、怀远侯曹兴、定远侯王弼、全宁侯孙恪等将领。为确保出征顺利，朱元璋特意将从降敌口中得到的情报传达于朱棣、朱棡，而朱棣也没有辜负父亲的期待，在这次北征中大放异彩，大获全胜。朱棣趁着大雪天气，攻其不备，成功降服了北元平章乃儿不花，而兄长朱棡在这次行动中表现得无足轻重。当然，朱棣此次出征的表现存在被史臣美化、夸大的嫌疑，但此战后归附明朝的北元降将皆归朱棣调遣，并得到了丰厚的奖赏，燕王的能力毫无疑问得到了朱元璋的肯定。洪武二十九年（1396），朱元璋认为蒙古有再次入犯的可能，令朱棣第二次北征。这次北征历时较短，小有斩获。朱元璋安排朱棣北征，是对其领兵作战能力的历练，而朱棣也成功抓住了实战的机会，展示了自己的军事能力。

朱元璋并非穷兵黩武之人，对北元的战争适可而止，因此，更多的时间朱元璋令朱棣提高警惕，积极备边。洪武三十年（1397）后，朱元璋迈入生命的尾声，由于太子朱标早逝，且自己坚持嫡长子继承制度，

图 7-6 明长城

年轻的皇太孙朱允炆已被确立为皇位的合法继承人，而战绩赫赫的武臣经历过“胡蓝党案”后，已所剩无几，根本无法对朱家政权构成威胁。故而，防备北元成为朱元璋的重中之重。次子秦王朱樉已于洪武二十三年去世，三子晋王又于洪武三十一年（1398）三月先于朱元璋离世，朱棣无疑日益成为北方守边的核心人物。

朱元璋多次对朱棣下达敕书，要求积极备边，并不断向其传授备边要诀与带兵要领。洪武三十年四月初三，朱元璋授朱棣“备边十事”，对侦察敌情、物资供给等事宜进行详细的指导。洪武三十年七月，朱元璋告诫朱棣，务必要严明军纪、赏罚分明：

夫用兵之道，在明号令，号令既出，难以姑息，违者必正其罪，师出以律故也。使军将信其事而无违，或临战阵、或近敌垒，庶不失机，少有姑息，诸军必慢，其将视以为常，误事不可胜言。故用兵必严号令，使赏罚明。赏罚既明，摧坚抚顺，易为成功。近左护卫千户李璿奏，山海卫指挥黄佑故慢王令，如此之人，苟不明罚示众，何以号令三军、以一众志乎？近闻发往开平赎罪指挥千户及卫所镇抚，鬻所乘马骡徒行，将何以扬威武而制胡人哉？勅至，即罪黄佑于开平。以徇卖马骡者系送京师。

洪武三十一年（1398）四月，朱元璋告诫朱棣不可贸然出师，并传授领兵作战的经验：

迩闻近塞烽火数警，此胡虏之诈。彼欲我师出境，伏兵邀我也，不可堕其计中。烽起之处，人莫宜近，虽望远者，亦须去彼三二十里。今秋或有虏骑南行，不寇大宁，即袭开平。度其人马不下数万，岂可不为之虑？可西凉召都指挥庄德、张文杰、开平召刘真、宋晟二都督，辽东召武定侯郭英等会兵一处。辽王以都司及护卫马军悉数而出。北平、山西亦然。步军须十五万，布阵而待。令武定侯、刘都督、宋都督翼于左，庄德、张文杰、都指挥陈用翼于右，尔与代、辽、宁、谷五王居其中。彼此相护，首尾相救，使彼胡虏莫知端倪，则无不胜矣。兵法示饥而实饱，内精而外钝。尔其察之。

一直至朱元璋生命的最后一道敕书，仍在告诫朱棣对边事不可松懈：

朕观成周之时，天下治矣。周公犹告成王曰“诘尔戎兵”，安不忘危之道也。今虽海内无事，然天象示戒，夷狄之患岂可不防？朕之诸

图 7-7 明代骑兵

子，汝独才智，克堪其任。秦晋已薨，汝实为长，攘外安内，非汝而谁？已命杨文总北平都司、行都司马军，郭英总辽东都司并辽府护卫，悉听尔节制，尔其总率诸王，相机度势，用防边患，又安黎民，以答上天之心，以副吾付托之意。其敬慎之。勿怠。

朱元璋对朱棣等人同样注重品德教育，从小也为他们配置了良师，但诸子在年纪尚轻之时就离开父母，前往各地之藩，未能如太子般一直留在父亲身边接受监督，未免会有所过失。在朱元璋看来，作为藩王，镇守边疆、协助皇帝更为关键，尤其是在北方守边的诸王更是责任重大。因而，对朱棣等人如何带兵打仗，朱元璋是丝毫不敢松懈，持续不断地传授经验和兵法。朱棣在诸子中，承受的军事压力最大，但也是表现最为出众的，这一方面因为朱棣自身的谨慎，另一方面也离不开朱元璋的谆谆教导。

巩固家天下：朱元璋教子的目的

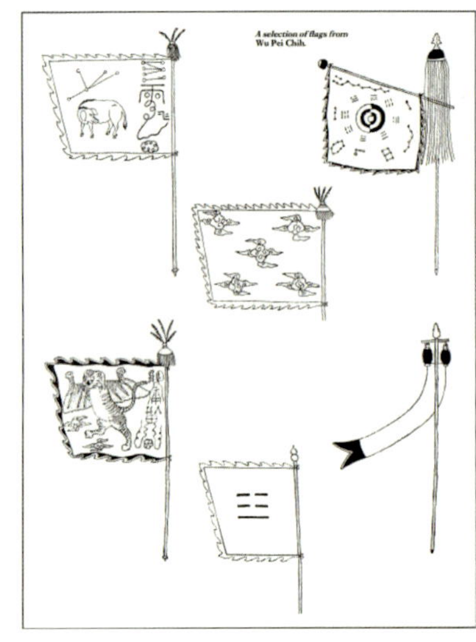

图7-8 明代的军旗

朱元璋对太子与亲王不同教育的侧重，与其对家天下的设想密切相关。在分封诸子时，朱元璋强调“朕惟帝王之子，居嫡长者必正储位，其诸子当封以王爵，分茅胙土，以藩屏国家”。这不仅确立了长幼尊卑，还明确了太子与其余诸子的政治前途。朱元璋秉承嫡长子继承制度，将朱标视为皇位的唯一继承人，对朱标的培养都以未来皇帝的要求为标准，而其余诸子则只能是太子的帮手。由于朱元璋并不信任异姓将领，为巩固朱家天下，同时减小皇子间争夺皇位的可能，朱元璋将其子派至各地做藩王，予以军事权力。朱元璋如此一内一外的安排，希望凭此永保朱家江山。

朱元璋对朱标的栽培倾尽心力，希望他能成为一位合格的继任者。经过朱元璋的历练，朱标在处理朝政时多展现出宽厚、仁爱的一面。文学大家宋濂因牵涉胡惟庸党案，一度要被朱元璋诛杀，朱标得知后，力保宋濂不死；秦王、晋王、周王屡有过失，朱标均出面为其求情。方孝孺称其“盛德闻中夏，黎民望彼苍”并不为过。然而天不遂人愿，洪武二十五年（1392）四月，朱标病逝，这令朱元璋痛不欲生。朱标的陵寝位于孝陵东侧，俗称懿文太子墓。皇帝陵寝的祭祀是一年之中九次大祭，而懿文太子墓却是一年十次大祭，祭祀规格甚至超过了朱元璋的孝陵。一种说法是因朱元璋过于疼爱朱标，才立下的这般规定，即便是朱棣夺位后，费尽心机地削弱朱标的影响，也不敢降低懿文太子墓的祭祀规格。

朱元璋对朱棣的磨炼亦收到了显著的成效，朱棣凭借守边、征战，具备了出色的军事才能，成为一位能够独当一面的藩王。朱棣深受其父勤勉爱民作风的影响，执政后勤于政事，文治有成，然而他并非如朱标那般仁厚，反而继承了父亲性格中心狠手辣的一面，对待建文遗臣的手段比之朱元璋屠杀功臣有过之而无不及。虽然朱元璋设想的嫡长子继承制度被朱棣以“清君侧”名义破坏，但也正是朱元璋的有意培养，才使朱棣能够成为一代有作为的君主。

朱元璋生活的时代距今已有600多年之久，但朱元璋教子的方式对今人仍有些许启示。首先，立人树德，对德行的强调是朱元璋教子的重要内容之一。在这方面，朱元璋不分嫡庶均为诸子配置了良师，教授儒家经典，在培养学识的同时，更希望孩子学习传统文化提倡的优良品德。其次，对子不过分宠爱。朱元璋出身贫寒，深知底层艰辛，在为诸子提供优越生活条件的同时，更是注重忆苦教育，多次派子前往凤阳老家，使他们明白创业之艰难，虽贵为皇子，亦不能沉溺于富裕的物质生活之中。最后，放手历练，培养孩子的实践能力。不管是令朱标参与处理政务，还是任命朱棣出征北元，均着重锻炼孩子相应的实践能力，在摸爬滚打中逐步成长。

1870.
Sturm auf das Landauer Thor von Weißenburg (4. August).

历史探索

想象中的胜利

——普法战争初期的法国漫画

文 | 南京大学　刘铭

1870年7月19日，法国对普鲁士宣战，揭开了欧陆双雄争霸的帷幕。一方面，法国在1852年之后经历了第二帝国阶段的飞速发展，成为欧陆第一强权，第二帝国的皇帝拿破仑三世将权力集中于己身，梦想着恢复19世纪初的法国版图，成为超越拿破仑大帝的第一人。另一方面，普鲁士，即现代德国的前身，在首相俾斯麦与国王威廉一世的经营之下，北拒丹麦，南败奥地利，成为欧陆崛起的新生力量，严重威胁法国的东部边境。于是，为了争夺欧陆霸权，普法之间的战争注定不可避免。

这场19世纪最为重要的战争之一，不仅是普法两国军事实力的较量，也是双方宣传与舆论的对垒，在此过程中漫画扮演着至关重要的角色。在报纸诞生后与电影诞生前的这段时间，漫画在宣传中始终占据着重要地位。尚弗勒里认为，漫画和报纸一同体现了人民的呼声，那些无法用言语表达的东西被漫画家们传达出来，他们的任务就在于展现人们内心的情感。漫画能够反映情绪，再现人们的认知方式与思维方式，而

图 8-1 普法战争之维森堡战役

普法战争期间的漫画更是将此功能发挥到极致。实际上，早在前线正式开战之前，巴黎就已经迎来了漫画的狂欢，这是一次情绪的集中宣泄，建构出了法国人想象中的光荣战争。

作为失败者的德国人

从历史上来看，法德两国一直纷争不断。中世纪后期以来，德国逐渐陷入王权衰落、诸侯相互攻伐的分裂局面，大大削弱了法国东北部边境所受的威胁。到了 19 世纪，随着普鲁士的崛起，一个有可能出现的统一德国势必会动摇法国的欧陆霸主地位。1852 年，拿破仑三世成为

图 8-2 拿破仑三世

图 8-3 俾斯麦

法国皇帝后，幻想着通过征伐成为新的拿破仑大帝。

1865 年，普奥战争前一年，俾斯麦为了争取法国的中立，向拿破仑三世许诺放弃莱茵河左岸，并承认法皇在意大利的利益。然而，战后的俾斯麦拒绝割让土地，使法国经历了一次巨大的外交失败。拿破仑三世对此怀恨在心，等待机会一雪前耻。机会于 1870 年到来，由于西班牙王位继承问题，法国要求威廉一世承诺永远不染指西班牙王位，却遭威廉一世婉拒，而俾斯麦篡改威廉国王的密电，其措辞强硬，并公诸报纸，史称"埃姆斯密电"。拿破仑三世被彻底激怒，于 7 月 19 日正式向普鲁士宣战。

1870 年的法国已有半个世纪未与德国交手，在对对手的无知与帝国的自负中开始滋生出一种想象，法兰西第二帝国逐渐将自己的对手建构成愚蠢、懦弱的他者，而以拿破仑三世为代表的帝国主义者急于复仇，这一情绪更是成为这种想象的养料。恩格斯观察到，普法战

图8-4 恩格斯

争激起了德意志人的民族感情。众志成城会给德国人带来强大的力量，而法国人显然对此一无所知。在交战信息传来之前，巴黎出现的大批漫画均讽刺德国人不堪一击，并形成固定的“套式”，以此开始构建出法国人必胜的幻象。

当时的普鲁士军人一般头戴尖顶钢盔，因此法国漫画都将尖顶钢盔作为德国人最明显的身份指代。而在其中，最为常见的就是对俾斯麦和威廉一世的讽刺。两者一瘦一胖，一髭一虬髯，置于同一漫画中往往相映成趣。再加上两者一臣一君的地位，同时出现时，俾斯麦都是奴颜婢膝或是被训斥的那一个。在想象之中，普军陷入困境，威廉一世一手握刀，回头怒目而视，威胁俾斯麦不胜则枪毙之。《时事报》的另一幅漫画中，愚蠢的威廉一世以为俾斯麦带来了胜利的消息，没曾想到等来的却是普军临阵倒戈的噩耗。

普鲁士素有军国主义传统。普军在经历了几个世纪的征伐后成为一支真正的虎狼之师。不过，在法国人的笔下，这支纪律严明的军队却成了不听指挥、愚蠢怯懦的乌合之众。俾斯麦拿着扫帚，催促着混乱的普军逃跑：“快啊！快啊！你们这群蠢货！”另外一些漫画甚至显得有些粗俗。例如莱昂·舒布拉克的这幅《我们已经看到你们德国的莱茵河了》，画中一名普鲁士士兵似乎刚刚还在对着莱茵河小解，被身后攻来的法国士兵嘲笑，呈现出一副惊讶与羞耻的窘态。就连普鲁士军队的构

图 8-5 俾斯麦和威廉一世的讽刺画，法国国家图书馆

图 8-6 《时事报》漫画，法国国家图书馆

成都成了法国人讽刺的对象。根据 1866 年的军事协定，普鲁士有权指挥德意志南部诸邦的军队，因此在普军编制中，有南部的巴伐利亚军、符腾堡师、巴登师等。这些军队在普法战争中将会起重要作用，然而在战争初期的法国漫画中却被描绘成普鲁士人野蛮而怯懦的同盟军，是“被抓来的壮丁”。在法国人看来，这些未开化的野蛮人怎么会是英勇的法国正规军的对手呢？

另一种丑化普鲁士人的常见方式是将之“非人化”，要么是将其与猪、狗、猿、猫等联系在一起，要么是将其视为“食人族”或是其他的怪兽，以此来显示法国在这场战争中的正义性与必胜的命运。在漫画《巨大的普鲁士妖怪》中，威廉一世成了吃人的巨人族。他捕捉并吞噬了大批的德意志君主，现在竟然又要来吞噬法兰西了。吞噬可以是一

图 8-7 《拿着扫帚的俾斯麦》，法国国家图书馆

图 8-8 《我们已经看到你们德国的莱茵河了》，法国国家图书馆

图 8-9 《巨大的普鲁士妖怪》，法国国家图书馆

图 8-10 《被妖魔化的德国人》，法国国家图书馆

种隐喻，普鲁士帝国就是通过这一次次的兼并战争而成为如今的巨人形象，但这是一个可怕的、吃人的巨人，因此在想象之中，非正义的德国人必然会被代表正义的法国人击败。另一幅漫画中，被妖魔化的德国人成了六头蛇，其中一头已被砍下，英勇的法国士兵将去切掉它剩余的五颗头颅。这也使得这场战争在漫画中更是成为一种“圣战”，在正义与邪恶的交锋中，上帝的荣光将属于法国。

这些漫画显然都忽略了许多有关对手的重要信息。例如，俾斯麦从担任首相以来就表现出的果断与深谋远虑。1870 年 7 月，在威廉国王的密电传来之际，俾斯麦正与总参谋长老毛奇、陆军部长阿尔布雷希特举行家宴，他询问两位将军对法战争是否有必胜把握。在得到了肯定的答复之后，他就着手改动国王的电报，策划了“埃姆斯密电”事件。此外，法国人对普鲁士的战争潜力也明显估计不足。按照恩格斯的说法，突然袭击一旦失败而转为正规战，法皇必然成功的希望就开始消失了。

可以说，在双方真正交手之前，法国漫画已然将德国人判了“死刑”。德国人从上到下都是邪恶的、愚蠢的，注定逃脱不了失败者的命运。正在紧张备战的俾斯麦与威廉一世一定想不到在法国人的漫画中自己变得多么无能。构建想象中的胜利的第一步已然完成，法国人已经拥有了一个作为失败者的对手，那么作为对手的反面，英勇机智的法国军人的形象就应时出现了。

作为英雄的法国人

相对于德国人各式各样被讽刺的形象，法国人塑造的自我形象则显得稍微单一一些：在这一时期的法国漫画中，永远只有勇敢机智的法国英雄。著名的后殖民主义理论家赛义德认为，现代社会和原始部落在一定程度上似乎是以否定的方式认识其自身身份的。同样，这一时期的法国人也是通过对德国人的否定，以此建构起对于自我的认知。因此，不切实际的德国人形象注定会导致同样不切实际的法国人形象。

战争在法国一方激起了民族主义情绪，这种情绪被反映在了漫画里。例如当时的一幅连环画中，各种类型的法国士兵众志成城，在开赴前线之前就已经充满干劲，力图保卫家乡，击败愚蠢的德国人。后方的妇女与其他百姓则成为法国军队最坚强的后盾，给予军队物质与精神的支持。当时有一首诗写道："普鲁士人，在战争面前颤抖吧，法兰西将会教你们守守规矩。如果你们跨过了边界，就再也没机会回去了！"这是一种民族主义的适度表达，然而却逐渐变了味。

民族主义走向极端就变成了沙文主义。19 世纪法国著

图 8-11 法国士兵众志成城，法国国家图书馆

图 8-12 "请让我单独去打！"法国国家图书馆

名漫画家夏姆在此时就已走向了沙文主义。他有一幅著名的漫画，画中一名法国士兵指着一群普军喊道："请让我单独去打！"他准备向人数众多的敌军冲去，他准备一个人挑战几十名尖顶钢盔士兵！夏姆的这幅漫画已经显示出了当时普遍存在的过分而危险的自信，仿佛每一位法国士兵都是能以一当十，甚至以一当百的英雄。

图 8-13 机智的法国士兵，法国国家图书馆

沙文主义若是再加上帝国的自大心态则真正产生出了一种目空一切的情绪。漫画中，德国人是如此愚蠢，对一套架起来的法军军服就如此小心翼翼，想要对其围而歼之，机智的法国士兵甚至能在草丛中卸下武装，一边品尝甜点，一边欣赏好戏呢！在另外的许多漫画中，战斗更是被描绘成了一场游戏。这场战斗注定不会失败，因为法国人有大炮、机枪，就像弹钢琴与跳舞一般，愚蠢的德国人会应声而倒，尸横遍地。对于这些漫画来说，这场想象中的战争异常轻松，法国人不费吹灰之力就把德国人打得丢盔卸甲。

值得注意的是，许多法国漫画甚至选用黑人作为己方的英雄形象。殖民地士兵成为法国正规军的历史可追溯至拿破仑时代，其主要作为小规模战斗的轻型步兵。阿尔及利亚土著步兵从克里米亚战争开始就在法国参与的大规模军事行动中扮演起重要角色。对于这支军队，德国人自然是以肤色与种族为由对其肆意嘲笑，但他们作为法国士兵的一员，则成为法国人加以歌颂的对象。8 月 7 日的《月蚀报》封面刊登了一幅描绘阿尔及利亚步兵的漫画，名为《机枪音乐》。画中有一个得意的黑人在弹钢琴，背后则是飞出的子弹与应声倒下的敌人。不过，在此时法国人的意识中土著步兵并非完全与法国正规军等同，夏姆的漫画《巴登》

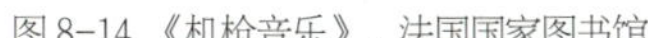
图 8-14 《机枪音乐》，法国国家图书馆

图 8-15 《巴登》，法国国家图书馆

将土著步兵与德国的巴登士兵放在一起，即是意味着土著步兵在法军中的地位与巴登士兵在普军中的地位相同。就连土著步兵都打不过的普军，自然只是一支弱旅，法国人自会轻松赢得战争的胜利。

于是，民族主义走向了沙文主义，最终被淹没在极端的自负之中。漫画里的法国人对愚蠢的德国人极尽挑逗与玩耍，就仿佛是玩耍老鼠的顽皮野猫一样。德国学者福克斯这样形容当时的法国漫画：“敌人会被铲除，被消灭，就像是一场冰雹降临到田地里的庄稼上。这种想象遍布大街小巷，所有的漫画也都发出了同样的声音。”

不过，在战争初期确实存在反战的声音，著名的甘必大[1]和梯也尔[2]都是其中的代表。梯也尔在决定宣战的那次议会会议上指出，这场战争将成为内阁的过错。他清楚地认识到当时正是法国人敏感易怒之际，在此影响下贸然发动的战争完全不符合法兰西的根本利益。然而这些理性的声音最终被日益高涨、日益疯狂的情绪淹没了。人们更愿意相信胜利终将属于法国。在漫画中，法国人建构出了一个新的世界，胜利是这个想象世界的唯一主题。

[1] 甘必大（1838—1882）：法兰西第二帝国末期与第三共和国前期著名的共和派政治家。1870年，他反对法国对德宣战。在第二帝国政府垮台后，他以“彻底战斗”口号号召团结法国人，推动了各地国防军队的建立。

[2] 梯也尔（1797—1877）：著名法国政治家、历史学家。第二帝国时期担任国民议会议员，在1870年7月反对法国对德宣战。第二帝国垮台后，他成为国防政府主要领导人之一，并以镇压巴黎公社闻名。

图8-16 甘必大

图8-17 梯也尔

想象中的胜利

胜利者与失败者的角色都已确定，那么这场想象中的战争喜剧也就呼之欲出了。在想象中，莱茵河成了德国人永远无法跨越的边界。大量的漫画都描绘了法国人在莱茵河边暴打德国人的场景。法国士兵一手拎起矮小的德国人，一手对其进行体罚，就像家长拎起不懂事的孩子一样。同时，法国人的一只脚也已跨越国界，踩进了德国人的土地。简的漫画中，愚蠢的俾斯麦与威廉一世被英勇的法军追赶着逃跑，也就只有在逃跑这件事上德国人能战胜法国人了。

图 8-18 法国人在莱茵河边暴打德国人，法国国家图书馆

图 8-19 被追着跑的俾斯麦与威廉一世，法国国家图书馆

在拿破仑三世与威廉一世各自帝国之鹰的战斗中，普鲁士这只雄鹰必将被法兰西第二帝国之鹰击落，因此，拿破仑三世也将成为法国历史上第二位真正的拿破仑大帝，赢得无上的荣耀。至于那个拥有同样野心的威廉一世，他必须用什么样的方式才能进入巴黎呢？那就是成为法国

人的阶下囚。在简的这幅漫画中，拖着沉重锁链的苍老的威廉一世，甚至都让人觉得同情。

漫画反映的情绪与当时法国社会的现实相呼应。恩格斯曾指出，第二帝国是对法国沙文主义的召唤。到了普法战争初期，情况更是如此。战争完全挑起了帝国主义者的敏感神经，整个法国都沉浸在想象与沙文主义情绪的狂欢之中。法国部长理事会主席奥利维耶在7月15日的议会上宣布，他将怀着一颗“轻松之心”去负起即将到来的战争责任。法国元帅、陆军部长勒伯夫将军声称战备充足，即使战事持续一年，法军都不需要购买一粒护腿套上的纽扣。法国皇帝拿破仑三世甚至准备带着年仅15岁的皇太子去前线历练一番，毕竟这将是一场注定胜利的战争，是一次“到柏林的军事散步”。这种由上到下的帝国的自负感被准确记录在了当时的漫画之中，人们用这种情绪不断地宣泄，到最后，仿佛胜利真的触手可及。

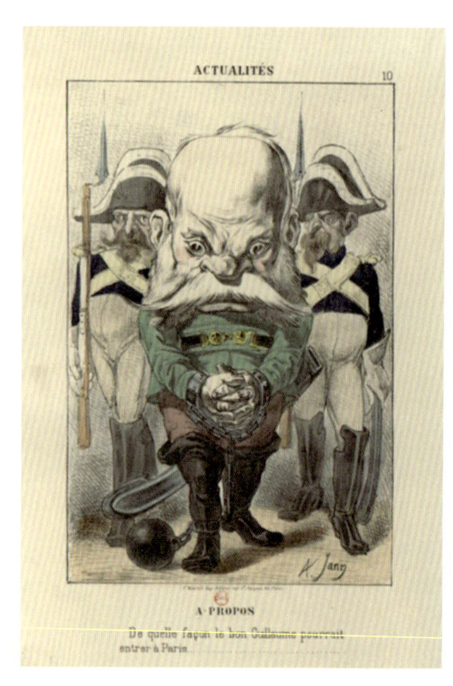

图8-20 拖着沉重锁链的威廉一世，法国国家图书馆

想象中的胜利来得如此简单与轻松，只要微微踮起脚尖，法国人就能品尝到胜利的果实。人们从来都不顾现实，而是愿意相信愿望和超越现实的幻想。战争初期的法国就沉浸在了这种骄傲自大的情绪与随处可见的白日梦之中。而实际上，当时的法国军备不足，外交上也无法争取

有力的同盟。法军战前人数虚高，号称60万的有效兵力，实际只有35万。法国士兵军纪散漫，炮兵装备也落后于普军，军队中的官员尸位素餐，正直的将军则遭到排挤。相比之下，普军在战争开始之际就已拥有50万兵力，全军上下纪律严整，随时准备喋血沙场。

想象终究只是想象，漫画精心构筑的美丽肥皂泡终将被带刺的现实戳破。7月28日，当拿破仑三世率军抵达梅斯之时，他就面临着军备不足的问题，冰冷的现实终于让他发热的头脑开始冷静下来。当天，他在给法军的演讲中就明显理智了许多，声称眼前的这场战争"将会漫长与艰难"。8月，法军的最初攻势被完全粉碎，反而被普军一路长驱直入，先是维森堡，之后就是斯皮歇壬。麦克马洪将军的夏龙兵团被打得节节败退，顶替勒伯夫的巴赞将军则陷入梅斯之围。

图8-21 麦克马洪

在丧失了战场的主动权后，法军本应迅速后撤，避免将所有的军队都暴露在敌军的视野之中。然而，政治上的必要击败了军事上的考量——帝国军队不能大举后撤，帝国生命的维持急需一场胜利。为了不让第二帝国的最后一层遮羞布被无情揭开，可怜的拿破仑三世在给巴黎的电报中不惜玩起了文字游戏：麦克马洪元帅战胜。弗洛萨尔将军被迫退却。退却井然有序地进行。拿破仑三世选择性地陈述事实，放大无关紧要的小战役成果。所有的消息都贯穿着同一种精神——一切都可以补救。

然而，纸终究包不住火。最终巴黎人民还是相信了前线失利的消息。与此同时，所有当权者都完全丧气了，法军两个主力军团失败的事实已经无法掩盖。巴黎宣布了戒严。内阁此时发表的宣言结语是他们将努力作战，祖国将得救。如此徒然而又苍白的话语已经无法安抚人们心中的恐惧与疑虑了。漫画中沙文主义的狂热与帝国的自负被无情的现实浇灭。法军不再是想象中的必胜之师，德国人则是一支真正的虎狼之师。帝国的十字军被撒旦的军队击溃了。

图 8-22 “我已做好了自己的床”，法国国家图书馆

黎明前正是最黑暗的时候，绝望之际也正是新希望诞生之际。8月24日，冷静下来的夏姆创作出了一幅深沉而又鼓舞人心的爱国主义漫画。画中受伤的法国士兵高举着攥紧的拳头，似乎即将在一堆普军士兵的尸体之上倒下，题铭写着："我已做好了自己的床。"这仿佛就像是受伤的法兰西在鲜血中觉醒，必将让侵略军付出沉重的代价。夏姆的这幅漫画也预示着法国漫画的情绪转向，帝国的自负与沙文主义情绪换来的将是自我毁灭，真正的法国英雄将会从废墟之上觉醒，爱国主义情绪将激励法国人与敌人斗争到底。

想象中的胜利终究不会出现了，并且随着9月2日拿破仑三世在色当的投降而真正画上句号，也随着法兰西第二帝国的覆灭被埋葬在了历

图8-23 法兰西第二帝国的帝国之鹰被钉在历史耻辱柱上，法国国家图书馆

史的废墟之中。傲慢、狂妄、怀着帝国心态的法国漫画成为了这段历史与情绪的记录者，也由于政治漫画的时效性而逐渐被人们遗忘。然而，这场影响深远的战争才刚刚开始。原先的帝国之战变成了真正的民族之战，失去了皇帝的法国反而在共和国的各个角落涌现出了一批又一批的爱国军民。从斯特拉斯堡到凡尔登，再到贝尔福，各地的围城之战打了一天又一天，普鲁士军队开始遭遇越来越多的挫折，反而真正陷入战争的泥潭。

当我们重新回顾这段历史，用漫画这把钥匙打开记忆之盒中的情绪，我们会对法国人的傲慢与自负感到遗憾，也会对梦幻破灭之后法国人的失败心怀惋惜，但是也会更加明白帝国心态的无知与脆弱。战争是残酷与现实的，不应该只是情绪的狂欢与宣泄。拿破仑三世、奥利维耶、勒伯夫等帝国领袖在后来都成了漫画家口诛笔伐的对象，从某种意义上来说，这也算是法国人对帝国心态的检讨。兵者，凶器也，必须谨慎待之，否则就可能像是杜米埃的漫画中所描绘的那样，代表法兰西第二帝国的帝国之鹰被永远钉在历史的耻辱柱之上。

丢勒作品《骑士、死神、魔鬼》中骑士形象解读

文 | 南京大学　田芳宁

阿尔布雷特·丢勒（1471—1528）是德国文艺复兴时期最为重要的画家之一，其作品《骑士、死神、魔鬼》与《圣·哲鲁姆在书斋中》、《苦闷》是他最重要的三大铜版画。其中，《骑士、死神、魔鬼》这幅作品得到了诸多艺术史家的解读，许多德国历史上的重要人物也对此提出了不同的理解。随着图像理论的激增，关于《骑士、死神、魔鬼》中骑士形象的解读也众说纷纭，但是都

图 9-1 《骑士、死神、魔鬼》，丢勒绘

不可避免地带有过度理想化的弊病。

一般而言，许多以偏概全的观点叠加在事实之上，会使图像背后的政治寓意充满歧义。受不同时代各类思潮影响，人们对图像的解读往往差异巨大，丢勒的作品《骑士、死神、魔鬼》就是如此。谈及“德意志的民族形象”,《骑士、死神、魔鬼》中的骑士常常被当作一个例子，用来说明马背上的骑士就像德意志民族自身，虽然四周险象丛生，恶魔虎视眈眈，但是他依旧执戟策马，孤单且坚决地向着象征安全、美好的城堡前进。这一说法与多数欣赏者的第一感受有所出入，特别是作品里的骑士呆滞、木然、毫无灵魂，旁边的死神和魔鬼表情与动作滑稽夸张，左下角的骷髅、荒草与画面上方若隐若现的城堡塑造出一种诡异、阴暗、沉闷与虚幻的氛围，很难将骑士与“积极的德意志民族形象”联系起来。19 世纪以来，丢勒的《骑士、死神、魔鬼》经过了基督教骑士与德国神话等各种主题的加工后，变成了一幅充满神秘与诗意的作品，而它最初所具有的社会现实意义已逐渐被混淆。

画家经历

丢勒是德国历史上最杰出的画家之一，他的艺术生涯中有两次重要的意大利之行，对他的艺术创作有深远影响。

婚后仅三个月，为躲避瘟疫，丢勒离家旅行，翻越了阿尔卑斯山，开始第一次意大利之行。丢勒创作初期的画作中常常能体现出一种“不费力的精确性”，可以发现他已经有模糊的比例学意识，他的个人风格体现出后哥特式风范的温文尔雅和骑士精神，也包括对大自然氛围的深刻认识以及对表征、纪念与空间效果的不懈追求。在意大利的学习与吸收，让他从同时代的意大利画家中得到启发，并将这种启发与他的个人风格融合在一起。

1505 年至 1507 年，丢勒进行了第二次意大利之行，威尼斯绘画风格深深影响了丢勒，他用日渐流行的细勾轮廓和典型北方艺术气息的细节描写来和威尼斯调色师的画作保持独立，显示其艺术独立性。在第二次意大利之行结束后，丢勒感受到了日渐加深的对社会和美学的使命感。1509 年，他恢复了版画的印制，并接受私人委托在公共建筑上创作“代表性作品”。之后四五年，虽然丢勒的创作数量有所减少，但是有一系列雕刻画杰作，《骑士、死神、魔鬼》就是在这一时期完成的。

丢勒与皇室有关的活动开始于 1512 年 2 月皇帝马克西米利安一世对纽伦堡的访问，在作品《胜利之门》中，丢勒用繁复的徽章将其装饰得无比奢靡，后世评论这幅作品是“哥特式性格的人凭空设想的巴洛克式噩梦”。之后丢勒的活动围绕宗教改革开展。1520 年之后丢勒的重要作品有《四圣图》《卢克雷齐娅》，反映了他晚年的存在主义主题。1525 年后，丢勒的三部著作——《绘画概论》《人体解剖学原理》《筑城理论》发表。与此同时，德国宗教改革、反圣像崇拜运动愈演愈烈，丢勒也在新教初始寻求平衡与调和，并在 1526 年后，大量创作圣母子题材的作品。

正如韦措尔特[1]所说那样：“丢勒的宗教艺术是宗教改革时期的艺术，但不是新教艺术；它诞生于一种新的心灵虔诚，但仍受到旧有思想和形式的束缚。它形成于宗教复兴时期，并在痛苦和冲突中日臻完善，但它绝不是任何特

[1] 韦措尔特（1880—1945）：德国艺术史学家，1927—1933 年任柏林国家博物馆馆长，曾在柏林大学担任荣誉教授。

图 9-2 《四圣图》，丢勒绘

图 9-3 《圣母像》，丢勒绘

定信条的附庸。他的艺术与路德的成就之间的联系不是意向性的，而是源自他们在心灵体验本质上的一致。”这在一定程度上能帮助我们回归到对画作本身的理解。

回归画作

对丢勒作品《骑士、死神、魔鬼》中骑士形象最为传统的解读是将其视为“基督教战士”。与丢勒同时代的伊拉斯谟在1504年出版的《基督教士兵手册》中有这样一句话：“听着！基督骑士们！向前冲吧！”这是将骑士视为基督教战士的直接证据，保罗在《以弗所书》中也指出了骑士的职责是：“以上帝的铠甲，防止恶魔的狡猾攻击。”[1]但是真正将丢勒这幅作品中的骑士视作基督教战士的是约阿希姆，他在1675年的《德意志学术》上表达了这个观点。19世纪后，丢勒这幅作品刻画的骑士普遍被视为典型的基督教骑士，而骑士诞生中的“日耳曼传统”开始受到学者的注意。韦措尔特既认同基督教士兵的概念，同时也受纳粹思想鼓动。他指出，基督教骑士源自北欧英雄神话，是德意志士兵与普鲁士军官的前身。但之后，他又指出“英雄”的灵魂都喜欢丢勒的这幅作品，就像尼采与希特勒一样，因为这是一幅意味着胜利的作品。在这个时候，纳粹开始蔑视基督教，基督教骑士的形象不再有用。因为丢勒的这幅雕刻画逐渐成为国家的民族标志，反映出国家意识形态的变迁。

① 出自《以弗所书》强调了骑士对基督教信仰的守卫作用。

与此同时，另一种解读也出现了。瑞典艺术史学者斯坦·卡特琳于1969年提出丢勒作品中的骑士是“强盗骑士”的观点，与传统解读抗衡。但早在1879年，海因里希·梅茨便提出了该观点。“强盗骑士”的解读源于“幽灵骑士”的提出，源自丢勒时代的一份编年史报道：当时纽伦堡议会的领导人菲利普·林克于1504年在树林里迷了路，在那里遇到了死神和魔鬼。鉴于作品创作年代，这个传说很可能是丢勒这幅画的灵感来源。总的来说，对这幅作品的解读在 19 世纪与 20 世纪产生的分歧主要集中在画作中的骑士是基督教骑士还是日耳曼骑士。而后者的解读则体现了 20 世纪初德国日益增长的沙文主义，即更多强调德国的日耳曼性。

对历史解读的追溯让我们更加深刻地认识到回归画作的重要性，丢勒《骑士、死神、魔鬼》的画中将人与抽象的死神、魔鬼并立，这一结构的谜团在于如何解释三者的关系。在卢卡斯·克拉纳赫的作品中有类似的结构，而这一结构来源于《旧约》，认为人不能恪守法律，因而屈服于死亡和魔鬼，而基督要回应的是如何在《新约》中战胜死亡和魔鬼。[1]

丹尼尔·霍普夫[2]的版刻画也有死神与魔鬼一同出现的图像，一个死神和一个造型奇特的魔鬼正试图拐骗两个

图 9-4 《妇女、死神与魔鬼》，丹尼尔·霍普夫绘

[1] 犹太教与基督教中的魔鬼来源于犹太圣经，即基督教《旧约》，《旧约》中将魔鬼定义为人的私欲中不愿顺从神的部分。

[2] 丹尼尔·霍普夫（1470—1536）：德国艺术家，被认为是第一位使用蚀刻技法的版画家。15 世纪末开始，他也进行木刻画创作。

图 9-5-1 《马克西米利安皇帝的祈祷书》（局部 1），丢勒绘

对镜整妆的时髦妇女，她们的虚荣被看作罪恶，而这里的魔鬼造型和丢勒作品中的魔鬼形象很像。

1515 年，也就是完成《骑士、死神、鬼》作品的两年后，丢勒在《马克西米利安皇帝的祈祷书》的边际画里也对这一主题进行了描绘。画面中，坐在马背上的骑士正奋力逃脱身后死神的追赶，但是左侧的魔鬼却像风筝一样把自己放下来试图阻挡骑士的道路。这像是对之前作品的回应，暗示了一场疯狂和徒劳的逃亡。这些案例都反映出死神和魔鬼像一对密友，而他们的目的就是加入骑士。

图 9-5-2 《马克西米利安皇帝的祈祷书》（局部 2），丢勒绘

在丢勒早期的木刻作品中，也有幅作品《骑士与雇佣兵》有着和《骑士、死神、魔鬼》极为相似的画面布局。在这幅图中不仅有猎犬跳

图 9-6 《骑士与雇佣兵》，丢勒绘

跃的静态动作描绘，还出现了执长戟的作为仆从出现的骑士。按这个画面描述，骑士和魔鬼一同出现，极可能是主仆关系。不过，作品中出现的也许并不是绝对意义上的强盗骑士和恶毒可怖的仆从，而很可能是一种富有象征意义的形象，描绘的是配有武装且备受争议的人群——没落骑士。

可以肯定的是，肖像本身无法完全支持从前保守的传统解读：即丢勒这幅铜版刻画不可能是为了褒扬具有高尚品德的基督教骑士而作。巴塞尔版本的伊拉斯谟的《基督教士兵手册》1520 年德译本封面选用的是乌尔斯·格里夫以基督教士兵为主题的作品，作品中充分显示了基督教要素：士兵头上的十字架显示其基督徒身份。

Urs Graf, *The Christian Knight Standing Between an Angel and Devil*, woodcut (75x97 mm), 1520.

图 9-7 《基督教士兵手册》1520 年德译本封面，乌尔斯·格里夫绘

但是丢勒的《骑士、死神、魔鬼》中却充满了撒旦的标志：软体动物象征着可怖的地狱；蜥蜴意味着背叛；魔鬼有猪鼻子，突出的犄角，驴耳，雄鹿的腿，狰狞的爪子；死神没有以干瘪的骨架呈现，而是用一具腐烂的尸体表示。一条蛇缠绕在腐尸的脖子和皇冠上，而腐尸手里拿着一个滴漏，似乎在向骑士暗示时日无多。腐尸微张的嘴似有话要对骑士说，但面对这危险的怪兽，骑士依然不为所动。

传统的解读曾坚持将它解释为“毫无惧色的基督教骑士”(又称“无

图 9-8-1 《骑士、死神、魔鬼》中的魔鬼形象

图 9-8-2 《骑士、死神、魔鬼》中的死神形象

可指责的基督教骑士”）。但是在这幅没有任何基督教标志的作品中，死神与魔鬼的出现并没有让骑士感到惊吓，相反，他们更像是骑士的伙伴，而不是威胁。丢勒为了描绘骑士的暴行，将其与卡通式荒诞的怪

图 9-9 萨伏那洛拉肖像画（左）与《骑士、死神、魔鬼》中的骑士（右）

兽形象做对比，进一步指出当时骑士的反人道行为。这些人形的幽灵无法触动画面中的骑士，他就像一个骑行的墓碑，连一边的猎犬都比他生动。

值得补充的是，画面中的骑士与萨伏那洛拉[1]很像，丢勒是否将萨伏那洛拉 牧师的形象使用于他的作品中仍无法确定。但对猎犬的解释会随着对骑士形象的解读而改变，或强调它的劣迹，或赞扬它的美德。潘诺夫斯基认为，正如这位基督教骑士虔诚地信仰基督一样，与他同行

[1] 萨伏那洛拉（1452—1498）：意大利多明我会修士，1494年至1498年是佛罗伦萨的精神和世俗领袖。他反对文艺复兴艺术和哲学，焚烧艺术品和非宗教类书籍，毁灭他认为不道德的奢侈品，主张严厉的布道。他的布道往往直接针对当时的教皇亚历山大六世以及美第奇家族。

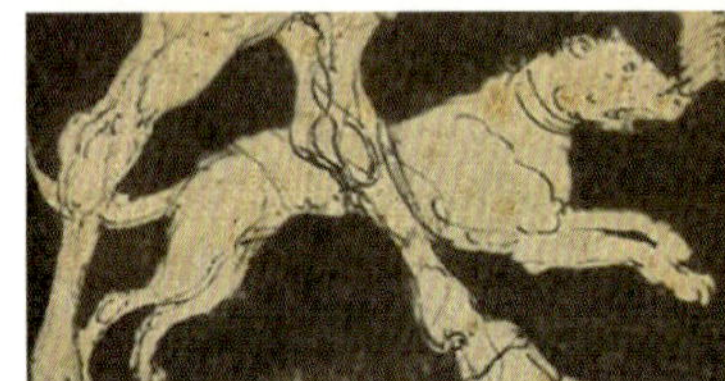

图 9-10 《骑士、死神、魔鬼》中的猎犬草图（左），《骑士、死神、魔鬼》中的猎犬（右）

的猎犬也有着基督徒般的美德、不懈的热忱与值得信赖的理智。然而斯坦 · 卡特琳却指出猎犬耷拉着双耳，这个形象容易让人联想到梅莱希神话中恶魔冒充猎犬尾随浮士德的故事。

另一个容易被忽视的标志是骑士槊上的狐尾草，赫尔曼 · 格里姆认为狐尾草象征伪君子，路德也将其意义指代诡计多端的人。在中世纪的草木寓意中，狐尾草就是恶魔，是邪恶诡计的原型。尽管在日常生活与流行用语中，狐狸也代表好的预兆，但是在诗歌与文学作品中它却代表着诡计与背叛。丢勒曾给维里巴尔德 · 皮尔克海默的拉丁

图 9-11 《骑士、死神、魔鬼》中的狐尾草背景

语译做插图，这本书翻译了哈拉波拉关于象形文字的著作。因此，丢勒肯定对狐尾草的准确文本意义和一般语境意义有准确理解。在这幅充满了魔鬼撒旦的不同意象标志却毫无基督教标志的作品里，狐尾草的含义肯定是消极的。另外，画作的背景来源于丢勒初期的一份水粉画草稿，远处的风景很像幽灵般的浪漫歌舞剧，并且带来了一个充满引诱的城堡。

图 9-12 《山岭》，丢勒绘

正如尼采表达的那样，他在这幅作品里看不到任何让人快乐的部分，却感觉死神和魔鬼离骑士仅有咫尺之遥。他认为这幅作品充满了孤独与绝望，这里的骑士让他联想到自己崇拜的对象叔本华，充满悲情。在尼采看来，丢勒这幅作品里的骑士是没有任何希望的，但也许骑士的神情表明他只是想要一个真相。

时代背景

丢勒生活的纽伦堡，是神圣罗马帝国的第一个新教城市，拥有圣罗伦斯教堂、圣塞巴德教堂，是一个重视宗教、文化、艺术和荣誉的城市。概括来说，纽伦堡四通八达的贸易线路带来了蓬勃的工商业，由经商致富的资产阶级组成的政府管理着这个城市。在纽伦堡，有大量富有创意和技巧熟练的工匠，同时也包括许多人文主义者，他们多出生于富裕商人家庭，接受过良好的教育，热爱文学艺术并积极参与政治和宗教

图 9-13 纽伦堡圣塞巴德教堂

事务。在这样的文化氛围中，丢勒的艺术特点虽然持续受到意大利对美的概念的影响，但也开始带有强烈的德意志个性。

另一方面，丢勒所处的中世纪晚期实际上是个文化衰落与政治动荡的时代。10 世纪末，民众普遍认为世界末日就在眼前。12 世纪、13 世纪，新教派不断兴起。15 世纪、16 世纪被认为是“充满变革与危险的”时代：瘟疫、战乱不断，信仰面临崩溃，农民不思耕耘，平民躁动不安，贵族荒淫无度，罗马教廷横征暴敛。丢勒的经历中最值得关注的是他与路德新教的关系。可以肯定的是，他对路德的作品非常熟悉，并且对路德条理分明的论述十分认可。但是他并没有追随其他人对路德全盘接纳，而是保持自己的主见。以作品《四圣图》为例，这幅反对罗马教廷的宣传画表达了对稳定社会秩序的渴望和对纽伦堡市政当局的支持，希望他们能带领人民从混乱走向稳定。丢勒也通过这幅作品，表示相信政治和宗教可以在艺术中融为一体，而两者必须在市政府的努力下才有望实现。

此外，丢勒时代并非骑士的繁荣时代。14 世纪以来，西欧商品经济的发展，导致以自然经济为基础的采邑制[1]的瓦解，从而破坏了骑士制度的根基。同时，王权的加强，王权与城市的联合，从政治上摧毁了骑士制度。从 14 世纪开始，各国国王都建立了自己的军队，雇佣兵比重日益增长。在城市和各地原有的或新生的自由农民中，有战斗能力的步兵正在形成，骑士及其侍从决定一切战斗的局面开始改变。特别是 14 世纪中叶，火药从东方

[1] 采邑制：西欧封建土地所有制形式之一，国王将土地及农民分给功臣，以服兵役为条件供其终身享用，但不能世袭。

图 9-14 骑士胡登

传来，一系列新火器相继发明和使用，曾经被认为坚不可破的骑士甲胄与中世纪城堡变得不堪一击。在军事上，骑士也逐渐式微。与骑士衰落形成对比的，是骑士制度下各阶层发生的变化。一部分骑士出于矛盾心理，一方面受到时代熏陶，有人文主义倾向，向往变革，另一方面却又留恋旧制度，想走回头路，如德国骑士胡登[1]；另外一部分是破落骑士，他们专门以打家劫舍和从事冒险活动为主，莎士比亚笔下的福斯塔夫[2]就是此类人物的艺术形象。

“强盗骑士”这个词最早在1810年由弗里希·波特沙克提出，他指出在13世纪后半叶，一些骑士贵族违反莱茵河之前收取过路费的习俗，或是在没有神圣罗马帝国皇帝授权的情况下收取高额的费用，或是直接抢劫商人，绑架之后勒索赎金。[3]实际上，只有经过神圣罗马帝国授权才能收取通行费，允许贵族和教会从莱茵河繁忙的交通中收费是支持政府财政的重要手段。有些河道为了防止任意通行，还会有铁链横穿河道，并且在河道两旁建造战略性塔楼。神圣罗马帝国皇帝和被授权征收过路费的各种贵族以及大主教之间制定有规范的征收方式，规定了在管理莱茵河收费的过程中，有多少收费站，应该在哪里建设，收费应该多高等具体问题。这些问题的决策过程并不复杂，主要根据地方权力结构、收费站之间的空地以及防御能力来决定。这类标准化收费可以直接缴纳银币，或者以“实物”费用抵押。“强盗骑士”的做法不仅违反了神圣罗马帝国的特权，而且违背了社会的行为准则。当时商人普遍受到法律和宗教的约束，必须为商品制定合理的价格，而

❶ 胡登（1488—1523）：德国的人文主义者、诗人，著名的骑士理论家，1522年至1523年骑士暴动的领导人之一。

❷ 福斯塔夫：莎士比亚历史剧《亨利四世》中的人物，是莎士比亚笔下最出名的喜剧人物之一。他是一个破落的封建贵族——爵士，却缺少一个封建骑士的荣誉观念和勇敢。他生活在从封建社会向近代市民社会过渡的时期，他没有新兴市民阶级的进取心，却染上了他们的愉快乐观和自我享受，他利用拍马、吹牛、逗笑、取乐来谋取生活。

❸ 由于莱茵河为商贸要道，官方收取一定数量的通行费成为定例，但必须有神圣罗马帝国皇帝授权。

强盗骑士极大地威胁了商人的生存。特别是在 1250 年到 1273 年这段没有皇权束缚的情况下，收费站的数量暴增。

为了应对这种有组织的军事无政府状态，由一百多个城市，以及几位王子与贵族（教会领袖）联合组成了莱茵联盟，从 1254 年开始，莱茵联盟发起了对“强盗骑士”的制裁，摧毁他们的城堡，打击非法收费和抢劫事件，还营救了一名被里特贝里男爵绑架的受害者。但是，在新

图 9-15 神圣罗马帝国的旗帜

皇帝选举的政治纷争中，莱茵联盟逐渐毁灭，军事力量强大的“强盗骑士”也在莱茵联盟的打击中频频逆转，最终仍存活了下来。不过，莱茵联盟的经验在之后被哈布斯堡皇帝鲁道夫借鉴，他采用相同的方式打击索内克的劫匪，摧毁了大量劫匪城堡。所以，丢勒时代“强盗骑士”并非销声匿迹，图像理论的激增带来了诸多论点，从这些泛滥的论点中也可以看出当时基督教骑士很有可能已经发生了变化，而他的作品《骑士、死神、魔鬼》正是展现了骑士的这种“变化”。

总结来说，关于丢勒这幅作品中骑士形象的理想化解读在几个世纪的叠加后，已经与最初的理解感知相去甚远。无论是解读成“基督教士兵”还是“日耳曼骑士”，都是错误的，是不符合雕刻画本身反映的社会现实的。在丢勒的时代，骑士的野蛮行径在自己的村庄引起了巨大恐慌，丢勒本身是不可能将其塑造成骑士的理想化形象的。丢勒这幅作品是为了警告当时的骑士，要求他们的行为更加道德、虔诚。从这个角度看，丢勒是一位虔诚的基督徒，一定程度上也是人道主义的呼吁者，他揭露了当时骑士不受法律限制的军事行为和野蛮行径。通过展示魔鬼撒旦的标志与意象，特别是对狐尾草“背信弃义”这一内涵的强调，丢勒显然是要表现一位冷酷、邪恶、无人性的“强盗骑士”形象，这一形象与中世纪晚期骑士没落的大背景密切相关。那些赞扬作品中基督教骑士精神的学者与将其牵强地附会成“日耳曼骑士”的艺术史家都没有理解艺术家真正的思想内涵。

从危文绣改嫁风波看中国妇女解放的艰辛历程

文 | 天津市档案馆　周利成

图 10-1 黎元洪

1935 年 1 月 9 日，青岛国敦酒店举行的一场婚礼在全国掀起了轩然大波。新娘危文绣是已故大总统黎元洪生前宠爱的小妾，年已 43 岁，新郎王葵轩却仅 30 岁出头。《申报》《北洋画报》《论语半月刊》《玲珑》《女声》《妇女共鸣》等报刊，发表近百篇报道、评论，记叙了整个事件的始末。但这仅是表面现象，这些文字表现了孀妇再婚的艰难与困苦，更表现出中国妇女解放之艰辛历程，其本质可以说是民国法律与旧礼教之间的激烈碰撞。

出身卑微 总统宠爱

危文绣，江西人，原名危红宝。幼年家乡遭灾，父母双亡，流落至汉口烟花柳巷。凭其天生丽质与婉转的歌喉，成为红极一时的名妓。1905 年，清廷钦差大臣、兵部侍郎铁良赴湖北巡察，湖广总督张之洞派时任湖北新军第二镇协统兼护统领的黎元洪负责接待。公务之余，黎元洪陪铁良到“书寓”春院冶游，由此与危红宝相识并生情。不久，黎元洪为危红宝赎身，纳为小妾，更其名为黎本危。

黎元洪的原配吴敬君，9 岁便到黎家做童养媳。自黎本危进门后，二人倒也相安无事，一个主内一个主外。黎元洪的侧室只有黎本危一人，黎府上下皆称之为“姨太太”。1911 年武昌起义后，黎元洪为都督，革命军与清廷鏖战正酣之时，黎本危曾代表黎元洪亲往前线慰问伤兵，激励将士，当年报纸对她一片誉扬之声。从此，黎府上下均以黎夫人称之。1912 年民国建立后，黎元洪先后当选副总统、大总统，每与外宾宴会，多携黎本危出席，樽俎之间，俨然是正夫人。黎元洪二次出山

图 10-2 黎氏族谱

后，只有黎本危一人随侍左右。

1923年6月，黎元洪在直系军阀的逼迫下通电离京，乘坐专车赴天津途中，被直系军阀王承斌拦截并索要中华民国国玺和大总统印信。黎元洪说，印信均由其妾黎本危保管。黎本危此时已成为中华民国的掌印夫人，黎元洪对其的信任程度由此可见一斑。

黎元洪被逼下台以后蛰居津门，在黎元洪身边朝夕侍奉者，也只有黎本危一人，因此她更加受到黎元洪的宠爱。黎元洪当时在天津置有两处房产，一在英租界伦敦道（今常德道），一在德租界威尔逊路（今解放南路）。黎本危嫌威尔逊路上的楼房稍显腐旧，黎元洪立即依其意愿重新翻盖，耗资甚巨。

此时的黎本危不但深得黎元洪信任，而且在黎家拥有很高的地位和话语权。

脱离黎家　青岛再婚

1928年夏，黎元洪在天津病逝。由于黎元洪生前对遗产分析甚清，尤其优遇黎本危一人，因此黎本危生活优裕，而黎夫人吴敬君则深受打击，于1930年郁闷而亡。据《北洋画报》中的《危文绣再嫁少年婿》一文称：

危文绣于黎元洪病故后，即游行平津沪汉各地，萍踪不定。时黎家每月供给生活费500元，无论行至何处，准时如期汇寄。直迄1934年秋，危文绣返津，寓英租界福善里内，意欲脱离黎氏家族，时黎氏在津亲友，百方劝慰无效，乃允台所求，并由黎家给予赡养费2万元，惟黎元洪处置遗产之遗嘱则须废除。盖危文绣本人既声明要脱离，自无享得遗产权利也。

而据《论语半月刊》中《湖北同乡组织义愤团讨危王》一文称：

黎公先前为本危终身计，于天津德租界特置住宅外，更给赀巨万，以资维持。黎死未久，本危竟向法院控诉黎公子遗弃，经法院判决，黎子给予养赡费若干。

虽然两段文字记载不甚相同，但可以确定的是，黎本危曾由于与黎家子女发生矛盾而对簿公堂，于1934年秋经法院判决黎本危脱离黎家。

危文繡再嫁少年婿

廿四年一月念九日　（2）　星期二　第一千一百九十九期

图10-3 1935年1月29日《北洋画报》中的《危文绣再嫁少年婿》一文

但双方的交换条件为黎本危获得一笔赡养费而放弃遗嘱中的各项继承权，并发表声明称："前黎大总统给予文绣个人之遗嘱（关于遗产之处置问题者），自登报日起废除，以后不生效力。"黎本危脱离黎家后更名为危文绣。

据史料记载，在脱离黎家前，危文绣依据遗嘱获得黎家在天津的大部分房产，并将德租界的房产租与天津东兴楼饭庄。她还投资 10 万元与商人王葵轩开办了一家绸缎商铺。王葵轩长袖善舞，生意做得风生水起。三年后即在青岛开设了分店，置办了房产，成为青岛颇有名气的绸缎商。尽管王葵轩比危文绣小十余岁，但在合作中，两人产生感情。加之此时危文绣与黎家关系不睦，让她与黎家渐行渐远，坚定了改嫁的信念。

黎氏家族多生活在北平和天津。与黎家脱离关系、确定改嫁后，危文绣担心黎家获悉后会出面干涉，遂选择在青岛国敦酒店举行婚礼。婚后，危文绣还在平津各报纸刊发结婚启事。岂料，一石激起千层浪，此事竟成了 1935 年的一个社会焦点。

封建礼教　根深蒂固

当时，废除纳妾、婚姻自由、男女平等均已写进民国的法律，但"从一而终""烈女不事二夫""嫁鸡随鸡，嫁狗随狗""饿死事小，失节为大"等封建礼教思想，仍是妇女婚姻观念的金科玉律。现实中的妇女们即使对于自己的婚姻极

图 10-4 民国女性形象

为不满，也极少有勇气主动提出离婚，死了丈夫的妇女更不敢再嫁。当年的社会舆论歧视离婚妇女，更歧视改嫁妇女，让她们在人前抬不起头，因此，大多数丧夫妇女只得孀居一辈子。

危文绣的改嫁被黎府中人当作奇耻大辱，既辱没了黎家，又辱没了中国大总统在国际上的形象。而旅青的湖北同乡组织更是激于义愤，公开发表《湖北同乡组织义愤团讨危王》宣言，声讨危文绣和王葵轩：

近日青岛上海各报，迭载黎前大总统之妾黎本危改嫁一事，深为黎公叹息。此等丑事，何忍多提。以污我笔墨。惟改嫁地点，适在青岛，旁观者对于鄂人置之不理，颇引为怪，同人等激于义愤，未便缄默……查改嫁原不足计较外，惟其事于国际体面攸关，于黎公身价有损，更于礼教风俗有妨。

危文绣也不甘示弱，发表了一篇公开信予以回击，言辞颇具反抗意味：

人之爱情，受命于天，其进行亦无止境。当此文明世界，新道德盛兴之际，孀者再嫁，礼所不禁；居孀守节，苦度岁月，乃愚妇所为。君等责我不应再作冯妇，此正智者见智，仁者见仁，吾亦深谢君之隆情。黎公待我虽厚，然 20 年来尽心奉侍，虽不敢谓报答厚恩，亦无亏妇道。乃黎尸骨未寒，既不能相容图存。君达人鉴我环境之艰难，或亦相谅。纵人或不谅，但求我心之所安，更曷所顾乎？

1935 年 1 月 21 日《申报》中的《危文绣再嫁王葵轩》一文，在分析了他二人结婚的目的后，更想充当和事佬，从中调解。文章称，妇女

危文繡的信

图 10-5 危文绣的公开信

再醮的原因不外三点：一性欲冲动，二经济压迫，三为家庭所不容。危文绣侍奉黎元洪 20 余载，经济压迫当可无虑。但危文绣年已 43 岁，而再醮一个 30 余岁的丈夫，其性欲冲动或所难免。王葵轩娶大自己十余岁的老女人的理由有三：一是为危的金钱所诱惑；二是以为危系大总统之妾，娶危则可附骥尾而行益显；三是出于好奇，认为总统之妾与寻常之妾毕竟不同。

当时的法律明文规定不准纳妾，小老婆即使有不轨行动，丈夫也无法向法院提起诉讼。何况当时黎氏已故，危文绣已脱离黎家，因此，危文绣再嫁王葵轩乃是很普通、极平常的事。“天要落雨乌云起，娘要嫁人横心起”，这只是危文绣的个人问题，与黎氏家风决绝无奈。这样看来，危文绣再醮，实属两全其美、皆大欢喜。对于黎氏家族可去除一颗眼中钉，对于危文绣更是后半生有所寄托。双方各取所需，何乐而不为呢？

“沈鸿烈以故黎大总统之下堂妾危文绣，在青与商人王葵轩结婚，有玷黎氏名誉，特令公安局将危王驱逐出境。”1935 年 1 月 23 日刊登在《申报》上的这则消息无异于火上浇油，将矛盾进一步激化。

社会争鸣　女界声援

1935 年 2 月初，危文绣专程来到《申报》报馆申述冤苦，请求救

中華民國貳拾肆年貳月拾日 星期日 (申報第五張) (十九)

婦女園地 第五十一期

創刊一週年紀念

一個小小的希望

婦女問題在過去一年

图 10-6 《申报》“妇女园地”专栏的评论

济。适逢该报“妇女园地”专栏开办一周年，为此，该专栏遂以危文绣再嫁为题发表了十几篇文章，社会各界以此为阵地展开激烈争鸣。

《危文绣再醮的法律根据》一文从法律角度论述了危文绣再婚的合法性。1931 年司法院对于妾与人通奸告诉权解释：妾与人通奸，丈夫无告诉权。丈夫对妾通奸尚无告诉权，遗妾为什么不能再醮呢？《民法》第 972 条规定婚约应由男女当事人自行决定。司法院 1931 年院字第 49 号解释称：孀妇再醮法所不禁。《民法》第 987 条规定女子自婚姻关系消灭后，非逾 6 个月不得再行结婚，但于 6 个月内已分娩者不在此限。这条规定原是为避免所生子女血统的混乱，换句话说，孀妇如欲再醮，也不过最多受着 6 个月的限制，何况无婚姻关系的危文绣呢？湖北同乡组织声讨函中称，如危文绣改嫁，则黎元洪所有给资及判决后的赡养费在法律上自有追还之必要。这显然违背了 1932 年司法院解释第 780 号：配偶之一方，继承他方遗产时，无论为全部或一部，因以取得该产之所有权，则再嫁再娶与既得权无影响。

而《再娶与改嫁》一文则道出了当年残酷的现实：在国家法律上没有明确规定之前，男子死了妻子既可以再娶，女人丧了丈夫当然也可以改嫁。然而，现实生活却是两样，只准死了妻子的男子再娶，而不许丧了丈夫的女人改嫁。因为中国礼教有“不孝有三，无后为大”之说，负有传宗接代使命的男子，死了妻子不再娶一个接替，试问祖宗的香火如何传承下去？至于女人则有“饿死事小，失节事大”之说，丧了丈夫的妻子，如不去上吊殉节就已不是巾帼完人了，还允许你改嫁？改嫁不仅辱没家门，更是糟蹋固有的道德！

一些为危文绣抱不平的人，至多也只能抬出民国的法律来进行辩护，说中华民国的法律并没有禁止孀妇改嫁，故危改嫁实为国法所容许。况危文绣与黎元洪结合仅居妾之身份，废妾后，危改嫁更是自己应

苛擾

和藹

BIG BEN

上海市教育局登記・申報館附設

申報婦女補習學校

開學通告

尚有餘額

繼續招生

談言

再娶與改嫁

南京路大陸商場

中國國貨公司

二周紀念 大廉價 十二天

綢緞部

售價有

今日美化素

一層之助

今昔之感

小東門民國路口

图 10-7 《申报》“谈言”栏目的中《再娶与改嫁》一文

有的权利和自由，并不受法律束缚。婚姻乃私人行为，又岂容他人置喙呢？但在国家有形的法律之外，尚有无形的道德。危文绣改嫁，即使法律所许，但也不能逃脱社会道德的裁制，社会舆论会质问你：女人改嫁，贞节二字如何保存呢？

《我们所更应努力的》一文强调要想妇女得到真正的解放，必须彻底铲除根深蒂固的封建思想。如果要求女子守节只是男人，倒也情有可原，让人不可思议的是身受旧礼教压迫的女人们自己，也时常会用极严酷的态度来摧残、讥讽不幸的同性。难道自己做媳妇时被婆婆苛待，不得自由，得不到性的满足，就一定要在做婆婆后向下一代报仇吗？在过去，她们已经被逼迫成若干个危文绣而遁入空门或愤世自杀，难道今后还要让成千上万个危文绣再步后尘吗？危文绣被青岛市府驱逐离开青岛，还可以到其他城市居住，但如果走到哪里都被社会歧视和舆论谴责，那么她就无处可逃、无路可走了！所以，有觉悟的姊妹们，除了反抗那些压迫妇女的明令之外，更应该努力去铲除存留在人们头脑中的封建思想，那些更基本、更普遍的桎梏，我们必须设法挣脱它，才能得到真正的解放。

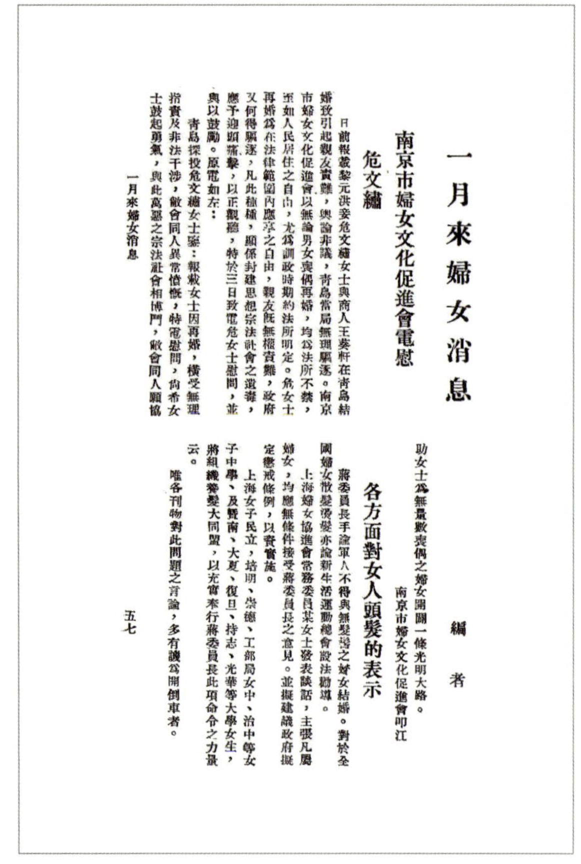

一月來婦女消息

編者

南京市婦女文化促進會電慰危文繡

日前報載黎元洪妾危文繡女士與商人王葵軒在青島結婚致引起親友責難，輿論非議，青島當局無理驅逐。南京市婦女文化促進會以無論男女喪偶再婚，均爲法所不禁，至如人民居住之自由，尤爲訓政時期約法所明定。危女士再婚爲在法律範圍內應享之自由，親友既無權責難，政府又何得驅逐，凡此種種，顯係封建思想宗法社會之遺毒，應予迎頭痛擊，以正觀聽，特於三日致電危女士慰問，並與以鼓勵。原電如左：

青島探投危文繡女士鑒：報載女士因再婚，橫受無理指責及非法干涉，敝會同人異常憤慨，特電慰問，尚希女士鼓起勇氣，與此萬惡之宗法社會相博鬥，敝會同人願協助女士爲無量數喪偶之婦女開闢一條光明大路。

南京市婦女文化促進會叩江

各方面對女人頭髮的表示

蔣委員長手諭軍人不得與無髮髻之婦女結婚。對於全國婦女散髮燙髮亦諭新生活運動總會設法勸導。

上海婦女協進會常務委員某女士發表談話，主張凡屬婦女，均應無條件接受蔣委員長之意見。並擬建議政府擬定懲戒條例，以資實施。

上海女子民立，培明、崇德、工部局女中、治中等女子中學、及暨南、大夏、復旦、持志、光華等大學女生，將組織營髮大同盟，以充實奉行蔣委員長此項命令之力量云。

唯各刊物對此問題之言論，多有譏爲開倒車者。

一月來婦女消息 五七

图 10-8 南京市妇女文化促进会致危文绣慰问电

据 1935 年出版的《妇女共鸣》第四卷第二期、第三期中《南京市妇女文化促进会电慰危文绣》《上海市各妇女团援助危文绣》两文称，为危文绣再婚横遭封建社会责难、青岛市当局非法驱逐一事，上海妇女运动同盟会、妇女协进会、妇女节制会和中华妇女社等团体，召开紧急会议，共谋应对措施。陈令仪、王瑞竹、温嗣、杨志豪、史良、刘寄尘、陈凤兮、郭箴一等妇女代表，一致决议致函慰问危文绣女士，必要时可集体进京请愿。

3 月 3 日，南京市妇

女文化促进会向危文绣致慰问电称：

青岛探投危文绣女士鉴：报载女士因再婚，横受无理指责及非法干涉，敝会同人异常愤慨，特电慰问，尚希女士鼓起勇气，与此万恶之宗法社会相搏斗，敝会同人愿协助女士，为无量数丧偶之妇女开辟一条光明大路。

众叛亲离　孑然一身

1935年1月30日《申报》消息称，接到青岛市府限期出境通知后，危文绣甚为不安，曾请人向青岛当局试图疏通，但无任何效果。公安局抓捕了王葵轩，查封了他在青岛的绸缎铺。被逼无奈，危文绣拟移居北平。28日，她曾函致其北平亲属，申述嫁王葵轩苦衷，拟只身来平寄居，暂避社会舆论之攻击，并恳请亲属在北平代觅房屋。但其亲属严词拒绝，并且断绝了与她的书信往来。

无家可归的危文绣孤身一人辗转来到杭州，尚未寻到落脚之所，却收到了王葵轩托友人从天津转来的一封信。信中称，他纵然是一个卖油郎，也不该有独占花魁之念。为此，他已答应沈鸿烈开具的出狱条件：今后不再与危文绣有任何往来。危文绣捧读书信，双手颤抖，涕泪交流。万念俱灰的她意欲在西湖附近某禅寺内敲木鱼度过残生。

就在此时，传来了66岁的熊希龄与33岁（实为39岁）的毛彦文在上海慕尔堂隆重举行婚礼的消息，举国一片赞美和艳羡之声。

熊希龄还写了一首定情诗词《贺新郎》，一时传为佳话。同样是再婚，舆论的声音竟有天壤之别！危文绣感慨万千。她也用《贺新郎》的词牌，挥笔写下一首哀怨悲情而又充满抗争的诗词：

图 10-9 熊希龄

往事嗟回首，叹年来，惨遭忧患，病容消瘦。欲树女权新生命，惟有精神奋斗。黎公去，谁怜蒲柳。天赋人权本自由，乞针神别把鸳鸯绣。青岛上，得相守。琵琶更将新声奏。虽不是，齐眉举案，糟糠箕帚，相印两心同契合，恍似当年幼。个中情，况自浓厚。礼教吃人议沸腾，薄海滨无端起顽沤，干卿事，春水绉。

不久，这首诗词在《申报》的“妇女园地”栏目公开发表，引起广泛关注。孙薉章以《男女对照表》为题在《申报》上刊发一副对联：“黎本危再嫁王葵轩，新故交谪，逐出青岛；熊希龄续娶毛彦文，宾客趋贺，欢腾歇浦。”

据同年 2 月 18 日《申报》消息称，危文绣于 16 日晚抵达北平，17 日重返天津，自称其此行纯系访友。当记者问其婚后感想时，危文绣置之不答。

遍查国民时期各种报刊，唯在 1936 年 5 月 13 日《申报》的一则天津专电中，找到些许危文绣的消息。消息称，在天津特一区 12 号路上的日本浪人和白俄人合资开设的某娱乐社中，警察局发现在野军政界人员、名媛等数十人，在此聚众轮盘赌。12 日凌晨，警方突击行动，捕获男女赌徒 30 余名，押送公安局。其中即有危文绣。从此，危文绣就像人间蒸发一样，杳无音讯。

结语

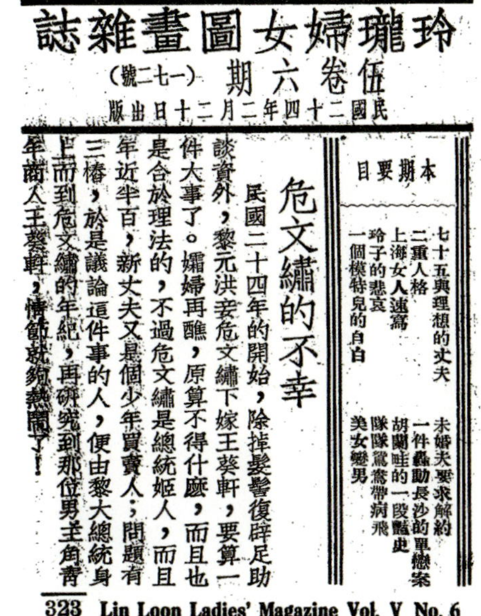

玲瓏婦女圖畫雜誌

伍卷六期 (一七二號)

民國二十四年二月二十日出版

本期要目

七十五與理想的丈夫
二重人格
上海女人速寫
玲子的悲哀
一個模特兒的自白

未婚夫要求解約
一件轟動長沙的單戀案
胡闌畦的一段豔史
隊隊鴛鴦帶病飛
美女變男

危文繡的不幸

民國二十四年的開始，除掉髮辮復辟足助談資外，黎元洪妾危文繡下嫁王葵軒，要算一件大事了。孀婦再醮，原算不得什麽，而且也是合於理法的，不過危文繡是總統姬人，而且年近半百，新丈夫又是個少年買賣人；問題有三椿，於是議論這件事的人，便由黎大總統身上而到危文繡的年紀，再研究到那位男主角青年商人王葵軒，情節就夠熱鬧了！

323 Lin Loon Ladies' Magazine Vol. V No. 6

图 10-10 《玲珑妇女图画杂志》中的《危文绣的不幸》一文

从整个事件看，危文绣是一个敢于抗争、不轻言放弃的叛逆女性。黎元洪去世后，她不甘后半生孀居、孤独终老，而毅然放弃家产，脱离黎家，选择新生；她与王葵轩再婚后，在报纸上高调刊登启事，昭告天下；她撰写公开信与黎氏家族为代表的封建卫道士针锋相对，据理力争；她勇敢地拿起法律的武器，奔赴上海《申报》寻求舆论上的声援。也正是她叛逆的性格与封建礼教的格格不入，才导致了她的悲剧结局。

危文绣自幼父母双亡，沦落风尘，卖笑为生。幸运的是，他遇到了民国大总统黎元洪，让她从人生的谷底触底反弹，一跃成为“民国第一夫人”，成为人上人。然而，风光一时的华丽转身，犹如水中月、镜中花，随着黎元洪的离世，没有任何社会地位的她失去了依附和靠山，不得不重回家庭妇女的本色，但仍能安有所居、衣食无忧。黎元洪原配的子女出国留学后渐渐成人，成为有知识、有思想的民国达人，与尚未及时转换角色的危文绣发生矛盾在所难免。黎氏家族的不容与她巨大的心理落差，热热闹闹的黎氏大家族与她内心的孤寂，让她不得不抛弃家产、顶住封建礼教的压力，寻求自己的新生活，改嫁王葵轩。为了证明小她十几岁的丈夫选择她的正确性，为了让自己像个正常人一样度过余生，甚至带有对封建礼教的蔑视和挑战，危文绣将她的改嫁大胆昭告天下。导致黎氏家族和封建卫道士的一片指责，青岛市长沈鸿烈下令逮捕王葵轩、驱逐危文绣。尽管她使出浑身解数予以反击，四处奔走，寻求救济，但迫于淫威的丈夫无奈地选择了放弃，昔日的亲朋好友宣告断绝一切往来，数千年来根深蒂固的封建礼教将她重新打回到了社会底层，成为无家可归的孤家寡人。在一切努力均告失败后，她沦为一个自暴自弃的赌徒。危文绣大起大落、过山车般的跌宕人生，终以悲剧收场。这正是她所处时代中妇女生活的真实写照，更是时代悲剧的缩影。

尽管如此，危文绣的改嫁事件在中国妇女解放的漫长征程中仍具有

图 10-11 溥仪

重要意义。1919 年五四运动后，传统的婚姻观念发生动摇，以知识分子为代表的青年人主张打破一切旧道德、恶习惯，打破一切非人道的不自然的机械婚姻制度，建立起平等、自由，以恋爱为基础的男女结合，使男女当事人成为婚姻的主体；尤其是长期处于婚姻被动地位的妇女开始觉醒，她们不再默默忍受男性的虐待和顺从父母之命而奋起抗争。但男可以再娶、女不能再嫁的思想仍然禁锢着孀妇的改嫁步伐。危文绣的改嫁，虽然没有像淑妃文绣与逊帝溥仪离婚后，在平津一带引发离婚潮，为世人称为“妃子革命”，也没有像熊希龄与毛彦文结婚，带动了张海若与杨嗣馨、齐燮元与华泽愉等一批老年男人的再婚，而将 1935 年称为“老人结缡年”；但危文绣作为公众人物的改嫁，无疑是对旧中国封建礼教的挑战，更为铲除妇女“从一而终”“烈女不事二夫”“饿死事小，失节为大”等封建礼教思想打响了第一枪。我们也应该给她一个“孀妇改嫁先行者”地位。同时，危文绣的悲剧，也昭示着中国的妇女解放、男女平等还有较长的一段路要走。

汤泡馍的前世今生

文｜洛阳民俗博物馆　杨　全

汤泡馍是国内一种习见的饮食方式，这里的“汤”有多种类型，而“馍”通常指烤制的饼，二者的结合便是中原各地饮食中常见的羊肉汤、牛肉汤之类。今天洛阳人的口头禅“喝汤”，即指食用用肉骨（如羊、牛、驴等家畜的骨）汤泡过的饼，其中，汤的重要性要远远超过碗中之物——肉、饼之类，而美味也通常由这碗汤来传递。这种“汤”的种类与“泡”后之饼的缔结可以衍生出诸多类型的食谱，但二者的结合绝非一朝一夕，站在今日之视角回望，不免枝蔓庞杂，是汤的出现还是饼

图 11-1 羊肉汤

的流行促成了二者的结合？我们不宜过于简单化的处理，不如先对这种饮食方式拆开之后进行分析。

何者为“汤”

“汤”的起源很早，因为其本义就是热水，《说文解字》载：“汤，热水也。从水，昜声。”早在新石器时代，中国先民就已制成陶质的釜、鼎、鬲、鬶等炊具，它们有一个共同的功用，即为蒸煮。无论蒸或煮都离不开热水，因此，汤的起源应不晚于这些蒸煮器具的出现时间。

图 11-2 新石器时代前期陶釜，现藏中国国家博物馆

图 11-3 商前期乳丁纹青铜方鼎，现藏中国国家博物馆

图 11-4 商周饕餮纹鬲，现藏中国国家博物馆

图 11-5 龙山文化红陶鬶，现藏故宫博物院

图 11-6 M18 中出土的“牛骨汤”

食用肉汤在中国也渊源甚早，从先秦文献和考古发现中可佐证三代之时食用肉汤就已非常普遍。妇孺皆知的典故“染指”讲述了早在公元前 605 年，郑灵公就吃过炖鼋汤，这种肉质鲜美的汤不禁让子公“染指于鼎”。老子的名言“治大国若烹小鲜”，从河上公注“烹小鲜不去肠，不去鳞，不敢挠，恐其糜也”可知，这种清炖鱼汤可称得上是今天鲫鱼汤之类的鼻祖了。此外，河南的考古工作者在信阳城阳城址附近发现的战国中期大墓 M18，其中有一件青铜鼎里残留有祭祀剩下的牛骨，这也算是牛肉汤的远祖了。

到了楚汉争雄时，刘邦在成皋厚颜无耻地对项羽道：“必欲烹而翁，则幸分我一杯羹。”“羹”当然指的是肉汤，可若真将这人肉羹放在刘邦面前，想必他也不敢如此嚣张了。

以上事例的发生地大抵与今天的喝汤地有部分重叠，即中原地区。莫非中原一地的喝汤习俗源远流长，可追寻至华夏文明的源头？这种毫无考证的关联肯定有失偏颇，不如看看后者——“泡”。

“泡”者何物

动词“泡”道出了此种饮食明确的动作指向，也是其食用方法上不可或缺的一环。那么“泡”者何物？此饼之谓也。也就反证了这种饮食方式的出现至早不先于饼等面点的诞生时间，且将饼等面食泡入汤中是需要契机的。同时，此二者的结合过程也是需要时间和群体性认同的。笔者在这里考量的是喝汤这种群体性共识，而非个体性行为，也就是将这种饮食行为转化成群体性认同的出发点是什么的问题。

如今北方地区习见的烤饼（或烧饼）是喝汤的标配，可它却是地地道道的舶来品，烤饼在古代被称为胡饼或炉饼，相传是由东汉时期镇守西域的班超从边塞带入内地。我们难以考证烤饼的传入是否始于班超，但丝绸之路的开通，无疑为这种异域食品的传入提供了前提。东汉末年的刘熙在其所著的《释名·释饮食》中就已详细地记载了这种面点："胡饼，作之大漫冱也，亦言以胡麻著上也。"说明这种面点至少在东汉末年就已为中原地区的百姓所熟知。

汉代中原地区的饼是汤饼与蒸饼，汤饼类似于今天的面片汤，说是面条的前身并不为过，而蒸饼则应是现在炊饼一类蒸制面点的祖先。《释名》载："饼，并也。溲麦面使合并也。"可见，当时"饼"的概念外沿十分宽泛，接近于今天所说的面点总称。宋代的黄朝英在《缃素杂记》中说："凡以面为食具者，皆为之饼：故火烧而食者，呼为烧饼；水瀹而食者，呼为汤饼；蒸笼而食者，呼为蒸饼。"可见这一观念从汉末到赵宋中叶的九百余年间并没有发生实质性改变。

图 11-7 蒸饼，阿洁摄

且无论汤饼或蒸饼，它们的制作过程都离不开水，这与中国传统的蒸煮工具有着必然联系，其产生脱离不了地域因素的影响。相比之下，干旱少雨的内陆地区则更易产生烤制面食。同时，胡饼的诞生不仅解决了西域地区因缺水而鲜能烹煮食物的问题，更为重要的是，它便于存储、不易变质的优点很好地解决了商旅往来中的口粮携带问题。而产生于黄河流域的汤饼等面食，则更倾向于即做即食，其不仅与中国古代“日出而作，日落而息”的生活方式息息相关，也与烹煮这种简单易行的烹饪方式有关。因为处在温带季风控制下的黄河中下游地区，即便是存储粮食，也仅仅是贮藏曝干后的谷物，通常并不是谷物的制成品。

另外，胡饼进入中原地区后也经历着“华化”的过程，这个改造过程并非将饼的制作方法加以变革，而是使胡饼的食用方式更适用于中原各地，即由主要作为干粮携带变为趁热即食。

故而，我们今天常说的泡馍的“馍”，无论其前世还是今生都应指的是胡饼，而非蒸制的馒头，胡饼和馒头在汤中的存在形态是不同的，馒头根本无法在滚烫的汤中长久“存活”——难以被筷子夹起，而胡饼的韧性则决定了它是天然的泡汤之物。

那么，又是什么促成了胡饼的这种特质得以最大效用的发挥？饼泡入汤中的契机又基于何？

道路上的饮食

汤泡馍与道路有着密切关联，乍听之下似乎不可思议，但将这种饮食方式在国内的地域分布做统计之后便可以看出，汤泡馍这种饮食方式所影响的人群居住区大都位于淮河以北，并以河洛地区为中心向四周辐散。但辐散的区域并不是很广，具体来讲大都隶属于黄河流域的主要文明区：晋东南——河北中部一线以南，山东半岛以西，淮河以北及关中以东。除此之外，新疆、宁夏、甘肃以及辽宁等地也有零星分布。

如果绘制一个中国“汤泡馍”的分布图，可以清晰地看出，与其说这种饮食方式的地域呈现是片状集中式的，不如说是有选择的点状辐散式的。如果将这些城市作为一个个点加以连接的话，呈现在我们面前的是一条条再清晰不过的交通要道，这又说明了什么？

即这种饮食方式的扩散主要得益于古时的交通要道。

那么，是什么人促成了这种饮食方式的产生？

商旅、邮驿与流民。

首先，往来丝绸之路的人群大多是商旅和使节，而陆上丝绸之路的主干道恰恰与中国的小麦产区有相当部分重合，就决定了途经这条道路的群体必然要以面食为主。汤泡馍如同今天的泡面，成为长途旅行的必备之资，甚至说泡面的原理源于汤泡馍这种饮食方式也毫不为过。

驿站的存在又要为商旅、邮驿等群体滋生出与之相适应的餐饮方式。什么方式更适合这类“时间就是生命”的特殊群体？当然是汤泡馍。从效率上讲，汤泡馍的这种饮食方式应当是中国传统饮食中最快的，纵使比之于今天的快餐，也丝毫不落下风。且这种饮食的成本很低，对于随身就携带有干粮的商旅和邮驿群体来说，真是天时地利与人和：对前者来说，降低的是行程资费；对后者而言，时间成本则显得尤为重要。再加之路途、天气等原因的影响，汤便成了旅途中驱寒、提神、消渴与止饿的万金良方。这也能解释为什么江苏徐州、安徽六安等城市也有着喝汤习俗。

这些城市在古时的地位无可替代，它们要么是古都名城，要么是关防重镇、要道津渡，如今天孟津白鹤镇的铁谢羊肉汤，其成名就是得益于其村北扼黄河的津渡——铁谢渡口，其乃明清之商旅往来的重要津渡，是为北通山西（潞、泽地区），南下洛阳、南阳等地的必经之途，也是

图 11-8 明代周臣的《流民图》

“万里茶道”的重要一环，故其之兴，与晋商的活跃有着莫大关系。

此外，伴随着王朝兴衰与自然灾害等原因，人口的迁徙也随之而来，如今的西安、洛阳等地的居民大都不是汉唐时期的原住民。地位显赫的达官贵人早就随着历史上的诸多动乱而避祸江南了，众所周知的事件如衣冠南渡、安史之乱、赵宋南迁等都说明了这一点。今天福建地区客家人的祖先就是当时河洛地区的原住民，其语音还保留有中古时期的河洛方言。

那么谁没走，又有谁在此停留？

穷苦百姓！

没有资费进行迁徙的穷人不得不留下来。此外，受灾逃荒的百姓也有一部分落难于此，并在这些地区安顿和繁衍下来。历史上华北平原受灾，流民大都逃荒关中，这种冥冥之中的向心力早在西汉时期就已存在：汉成帝阳朔二年（前23），关东地区发大水，成帝下诏，“流民欲入函谷、天井、壶口、五阮关者，勿苛留”，而流民的入关之途无非有两条：一条是自洛阳西行经新安函谷关，过潼关，经华阴，沿渭水南岸西行到长安；一条走黄河北岸，沿太行山南端，走河中府，到长安东北之栎阳，然后至长安。联结这几条必经之路的城市也与今天流行汤泡馍的饮食区有一定程度的重叠。

我们不禁联想：饥寒交迫的流民携带着易于保存的干粮颠沛流离，即使乞讨所得，也无非想讨要些胡饼之类易于保存的食品；可胡饼在丧失水分后变得异常干硬，如果再遇上寒冷天气便更无法下咽，但此时一碗热汤就能解决所有问题：它不仅可以泡软干粮，还可以告慰冻馁不堪的躯体。对于流民来说，饥饿感的逼迫与对“目的地”的向往都使得“时间”要素在他们心中的地位至高无上：赶快吃饱上路才是萦绕在他们脑中的念头，而汤泡馍的简单迅速又恰恰调和了时间与饥饿的冲突。

流民索要的“汤”当然不可能是肉汤，大概只是开水或热粥而已，但这已具备泡馍的雏形，后来即便改用肉汤来泡馍，其简单易行的原理并没有随之改变。这种对食材要求很低但效率卓然的方法也是与特定人群相契合的，囊中羞涩或受上班时制挤压的群体必然无法享用时间成本和食材成本都很高的精致菜肴。因为晚餐的地位在现代人的生活观念里愈加突出，晚餐上很少能见到方便省时的汤泡馍，除非是在地方上的小吃店中。

图 11-9 现代羊肉泡馍及配菜

今天谁还在吃

很多地方的名小吃都会冠以一个叙事结构十分雷同的俗套故事：一般是皇帝或名人因路途波折而误入此地，饥馁之下吃了善良的百姓为其制作的习常饭点，结果龙颜大悦、盛赞不绝。作为回赠，他们通常会留下几个现在早已真伪不辨的题字，该小吃便声名远播了。莫非汤泡馍也能沾上皇亲国戚的恩荫，踏出一条逆袭的康庄大道?

恐怕这并不容易。

我们来看一看它的食材构成：肉片或者动物杂碎些许、熬制的骨头汤、香菜等辅料加上烤饼之类的面点，仅此而已。食用方式也简单得足以让显贵们鄙夷，更与孔子所倡导的“食不厌精，脍不厌细”的理念相悖。将饼之类的面点直接上手撕成块状放入滚烫的肉汤中，这种简单粗暴的方式堪比时下流行的快餐，故充其量把它称为小吃，而非诸多菜系中的一道特色名吃。

如此规格的饮食肯定不受皇亲国戚们的青睐，那么它的受用群体又是谁？定是寻常的老百姓。而且这些百姓也是加以限定的：今天北方和部分南方二三线城市及所辖县市地区的居民。笔者不是有意凸显贫富，而是意在梳理其中的缘由。

图 11-10 被撕成小块的馍，刘军摄

由前文可知，商旅、邮驿与流民促成了这种饮食方式在群体间的认同。在后来的岁月里，即便改用了肉汤，增添了“肉片”的角色，但其内里并没有因此而改变。即便古时的群体大多已经消失，但他们的后代和当地的普通百姓依旧承袭了这种饮食结构的基因，虽然置换了先前的饮食素材，却也成了城市衰落的表征。

最后，我们再回过头来思考一下“汤”这种古老的饮食，它的做法是十分简单且原始的，古人常用“烹”来一笔概括，《集韵》载：“烹，煮也。”既然它的本义是烧煮，那它的目的无非是把饭做熟。而食材如何搭配、如何调制等精细做法就不在它的能力范围之内了。如今北方地区的日常饮食中也常常用到炖、烩等烹调方法，代表菜肴如洛阳水席、东北炖菜等，可以说它们都是由“烹”这种古老的方式衍变、过渡而来的，本质上的简易粗糙并没有多大改观。拿洛阳水席来说，这种常常被今人冠以大唐名品的地方菜系，用到的方法却基本离不开“烩”，虽然

图 11-11 洛阳水席之牡丹燕菜

食材种类有所增加，但却是日常生活的习见之物，并且其中往往少不了用扁垛之类制作的“假海参”！由此可见，洛阳水席的食材实在太接地气了。

如今的炖、烩等烹调方法大都见于中国北方和一些经济欠发达地区

图 11-12 东北炖菜

图 11-13 丸子汤，刘军摄

的菜肴制作中，它与汤泡馍这种简易粗暴的饮食方式有着异曲同工之处，除了集体无意识影响下的习俗趋同性之外，饮食背后的经济杠杆也是左右它们存在的主要缘由：生活水准欠佳的居民即使知晓山珍海味的存在，但日常享用的也是时间成本与经济成本相协调的菜肴。

图 11-14 豆腐汤

图 11-15 不翻汤

如今的洛阳等地，喝汤已成为大多数人的共识。无论早上还是中午，稍有名气的汤馆都会呈现出人头攒动的热闹景象，熟客还常常被冠以“老汤家儿”的头衔。除了羊肉汤、牛肉汤之外，其他汤品也是层出不穷：驴肉汤、豆腐汤、丸子汤、不翻汤、杂碎汤等。这些令人眼晕的汤品无论如何变换花样，终究逃不过汤泡馍的固有模式。

图 11-16 驴肉汤

专题叙事

奥地利的历史教师教育

文 | 维也纳大学　Alois Ecker[1]　南京师范大学教师教育学院　许立新译

[1] Alois Ecker：维也纳大学副教授，奥地利维也纳大学历史文化学系历史、社会文化与政治教育教学研究室主任，欧洲委员会欧洲"政治/公民教育""社会/文化研究"和"历史"学科师范生评价、导学结构与初步教师教育终身学习项目KA1的协调人。此文稿为2015年9月Alois Ecker副教授在南京师范大学教师教育学院的讲座稿整理而成。

奥地利及欧洲的历史教育概况

奥地利是一个非常小的国家，它位于欧洲的中心，人口约800万。它的首都维也纳被人们称为音乐之都。奥地利还

图12-1 位于维也纳的奥地利国会大厦

有很多伟大的学者，比如心理学家西格蒙德·弗洛伊德。1934 年，奥地利曾一度被纳粹占领，经过 10 年的抗争才获得独立。现在它已成为一个非常富裕的共和国——在欧洲可跻身最富裕的前 20 位国家。

今天要为大家介绍的，不是奥地利的风景和音乐，而是奥地利的历史教师教育情况。奥地利的历史教学由三个部分组成，分别是历史学科、社会学科和公民学科。在这三部分中，历史学科所占比例最大，是教师培训中必须涉及的课程。现在，维也纳大学约有 5000 人选择学习历史科目，其中 3000 人将从事历史教师职业。历史教学跟我们所从事的历史研究还是有很大区别的。维也纳大学在历史学科方面设置了历史教学系、当代史系、东欧史系、经济与社会史系。从中可以看出最近这 10 年历史教学的影响越来越大。

刚刚介绍了维也纳大学的教学机构，接下来讲一下欧盟对教师教育共

图 12-2 维也纳大学

同纲领的制定。就历史教师教育的培训项目来说，除了最基本的本科和硕士培养，还有对教师教育的教学材料研发。在维也纳，大学并不会出版教材，历史教材的出版由出版社负责，教学机构与出版社只是合作关系，它只会指导出版社如何选择合适的教学材料。在欧洲，针对历史教学的共同纲领和原则还在制定之中。

接下来谈一谈“博洛尼亚进程”[1]。整个欧盟对历史课程的标准是统一的，课程框架还包含了挪威、瑞士、俄罗斯、乌克兰、土耳其等非欧盟国家。以奥地利为例，课程基本是统一的，对本科生和研究生的要求渐趋统一。初高中历史课的学时，全欧洲以后会逐渐统一。现在奥地利的初中每周会有两个学时用于历史学科的教学。奥地利的教育与中国有很

图 12-3 欧盟货币

[1] 博洛尼亚进程：29 个欧洲国家于 1999 年在意大利博洛尼亚提出的欧洲高等教育改革计划。该计划的目标是整合欧盟的高教资源，打通教育体制。参与国家希望，到 2010 年，签约国家的大学毕业生的毕业证书和成绩，都能获得其他签约国家的承认，大学毕业生可以毫无障碍地在其他欧洲国家申请学习硕士阶段的课程或者寻找就业机会，实现欧洲高教和科技一体化，建成欧洲高等教育区，为欧洲一体化进程做出贡献。

大差异，中学毕业后的十七八岁青年，一半以上会选择职业高等教育，如纺织等行业，我今天重点讲的是教师教育。

在许多欧盟国家，40 岁以上中学教师的比例占教师队伍的 50%，他们将在未来 10—20 年内退休，这就给年轻人留下了很大空间。年轻人越来越热衷于选择教师职业，这并不纯粹出于经济上的考虑，还因为年轻人获得这样一种信息：投身教师行业的机会比较多。

随着人口和地域的变化，现在从事历史教师职业也面临着越来越多的挑战，比如说整个社会都在期待，新教师们会带来怎样的价值观，他们会给历史教学领域带来什么样的理念。这些对教师培养者也提出了新的挑战，比如我们如何培养出更加自信的教师，以成功应对欧洲多元文化所带来的挑战。目前可能是我们进行反思的绝佳时机。

教师培养与历史教学实践的关系

在这里我介绍几种教师培养的模式。一种是先后式的，即先进行学术性的教育，比如学习欧洲史、当代史、中古史等，然后再涉及历史教学法、教师培养等，英国就是这样一种模式。第二种是同时式的，学科课程和教师教育类课程同时开展，硕士培养一般采取这种模式，为期一到两年。不同国家培养年限有差异，在硕士的录取和证书的发放上也有区别。奥地利目前采用的是第二种模式，把学科教育和教学法教育整合起来，这是一种比较好的模式。还有第三种模式是比较个性化的，只要修完相应课程即可。随着“博洛尼亚进程”的推进，欧洲教师的流动性加强，只要你完成相应课程，就可以在不同的教育机构，甚至不同的国家任教。当然，这一过程中也会出现一些问题，如不同的教师培训项目的要求不一样。

从整个欧洲来看，目前的（教育领域的）趋势是重视教师培养，强调实践性知识的学习和注重教学法的训练。在奥地利，教师教育课程的比例占到约 20％，历史学科知识占约 80％。在其他场合可能会有很大的差异性，甚至相反。由于教育理念和哲学思想的不同，教师培训项目也会有很多差异，但整体来看，在欧洲，如果想成为老师，必须先经历本科 4 年的教育。

在奥地利，如果想成为全职教师，首先要拿到学士学位，然后再学习两年获得硕士学位，最后才可以做老师。奥地利现在的培养模式是 4 年本科学习加上两年实习，在中学里教书并获得辅导教师的指导，两年完成之后才可以做老师。这种模式相对于过去的传统做法还是比较有优势的。传统的做法是完成本科学习之后，在中学实习 1 年，实习老师必须“忘记”

图 12-4 奥地利最好的学校之一——特雷西亚学校

大学的学习法和教学法，更加关注学生和课堂。

总之，未来的教师主要是在大学里接受教育。像维也纳大学这样比较大的大学将承担更多的责任。

教师教育是一个比较特殊的方面，不仅仅关注学术、出版、研究，同时也关注教师专业领域。教师教育必须尊重教师职业本身的特殊性，必须打破传统的大学培养模式，突破现实障碍，让未来的教师们去了解学校系统，这就需要大学和中小学之间建立更加密切的合作。

教师教育的课程安排不仅仅限于学生修满学分的学术知识考查，还要去关注教师教育方法的内容。欧洲在这个方面有比较大的自主权，比如各个学校在教学方法、教学主题的选择、教学安排等方面都有独立选择权，学生在这些方面也会享有很大的自主权。

还有一个问题涉及理论和实践两者之间的平衡问题。我们不能仅仅日复一日地重复教学内容，实践教学的培养一定是基于有准备的、由导师指导的、具有反思性的实践培养。

关于历史教师教育的课程方面最主要的有两点，一个是教师教育的课程目标，还有一个是课程与学习过后，学生应当能够获得某种能力，或者能够展现某种能力。比如说学生对历史教学、历史学科知识的理解，以及对人类文化的理解，对历史教学的思考能力、历史教学特征的理解，这些可能都要有所关注。上述其实都是在强调教师能力的培养，最终还要看历史教师最终的教学能力。当我们探讨历史教师的知识和教学能力的时候，其实我们说得更多的是教师的教学能力，以及教师在具体教学的场景中如何运用知识。教师的教学决策能力，不仅是在教学内容方面，更在教学方法层面，关于这一点，理论研究层面会有一些不同的意见。但是对于教师教育者来说，我们不仅仅要关注知识，更要关注教师的教学能力，这是现实中比较好的做法。

教师的教学能力不仅包括教学方法和教学内容决策上的能力，还有教师的研究能力。当然这种研究跟纯粹的、传统的学术研究会有很大差异。简单来说，教师的教学能力主要着眼于，怎样将历史学科知识运用到教学现实中去，且能够展现人类文化价值观。

本人对历史教学的见解是这样的：历史教学其实关乎怎样应对多元化的欧洲，而不仅仅是教科书里的历史知识。关注多元化可能会涉及男女性别的差异、社会分层的差异，还有语言、文化的差异。总的来说，历史教学现在正面临多元化的挑战，怎样去应对这种挑战，对我们历史教师来说，是一个非常重要的问题。

图 12-5 奥地利精英学校之一——绍滕中学

历史教学与国家意识的培养

历史教学其中一个很重要的任务，就是通过教学实现国家身份的认同。总体上说，历史教学中关于国家身份的认同的部分，几十年来没有什么变化。70年来，我们要做的就是改变单一的“国家认同”，比如法国就是法国、德国就是德国，力图改变传统的国家身份认同的观念。在史学史上，我们现在倡导科学的研究立场，比如提出新的史学史的概念，还有像“历史意识”这样的概念，这是一个比较新的历史研究领域。

通过历史教学，我们试图改变单一的国家身份认同，从而实现多元文化的认同。欧洲的学校课程设置，总体上大概有三分之二的课程是试图去实施“历史意识”这种理念，比如关注历史的叙事，关注个体的历史意识，个体对于过去历史的经验，个人对历史的感悟。这可能成为当今历史教学的共识。

前面提到了“历史意识”“历史叙事”这两个概念。另外一个重要概念就是“历史文化”。比如说像电影、电视以及网络所展示出来的历史事件，这样一些历史教学内容并不是学校教师能够选择的。对于历史事件每个人可能会有不同的解读，网络当中有各种不同的声音，比如说20世纪30年代的奥地利，政治家可能会持

图12-6 1938年希特勒在奥地利首都维也纳的英雄广场演讲，这一年，纳粹德国实现了德奥合并，奥地利到“二战”结束前的7年都受其统治

有不同的立场，当今时代如何批判性地开展历史教学是比较重要、有意义的课题。

关于历史教学我们已经谈得很多了。现在的问题是如何开展历史的多元文化教学，怎么样去教学。多元文化历史的教学材料现在研发得也不多，不同历史研究领域（如国家历史、地域历史、欧洲历史、世界历史）所占的比例也不同，各种研究结论还会带有政治的意识形态色彩。一个教学型的大学和维也纳大学相比，维也纳大学就比较注重国家历史的教学。

关于课程时间分配，主要是政治史、社会史和经济史之间如何搭配关系。总体来说，在过去十年里，政治史的研究比重是在下降的，人们更多的是在关注文化史、社会史和经济史。

在历史教师的教育方法上，现在有一个趋势，就是把历史和不同的学科，如历史与语言，历史与地理，历史与教育整合起来，更重要的是现在的历史教学更加关注小组合作学习，甚至要培养学生与自己不喜欢的人开展合作，而不是像过去传统的那样，单独地学习教师教授的课程。现在更加注重团队意识、小组合作精神，更加注重同伴的反馈，这种反馈可能比传统的历史教学更加有效。

关于教师教育的理论以及方法论，重点讲一下历史教师的实习指导。历史教师不仅包括学科的老师，还有中小学的指导老师，此外，我们的教师教育机构还与档案馆、博物馆开展合作。举一个简单的例子，在奥地利国庆节这天，对于来自土耳其、南斯拉夫、塞尔维亚、保加利亚的学生，我们在课堂教学中会要求这些学生谈一谈他们这些国家的国庆节是什么样子的。通过这种方式，达到对多元文化的一种理解。

在社会史研究方面，我们要求学生开展一些简单的历史研究，比如说家庭结构的研究，像东欧的家庭结构较中欧可能更传统一些，那么我们会让学生向他们的祖辈了解真实的家庭结构，这也是历史教育研究的一种方法。

奥地利也有继续教育，与中国不同的是，继续教育是可以选择的，可去可不去，但大部分老师还是参加的。这种教师专业化活动一般是每周进行一到两次的研讨会研修，或者是暑假前后。根据不同的需要选择研修领域（比如学习新内容、培训教学方法）会有一些相应的工作坊。由（奥地利）教育部或者是维也纳大学，抑或是与维也纳大学合作的一些学校来开展这些教学培训，现在也面临一些问题，比如资金问题。维也纳大学的教师教育项目，包括历史、数学等科目，大概有 14000 人，在奥地利教师教育培训方面是规模最大的。维也纳大学教学系统是免费的，所以教师进入这个大学接受培训较简单一点。奥地利教育部有法律规定，历史课程是国家的核心课程，是必须学的。2015 年 3 月份制定了一个初中教学标准，也有这个要求。

之前做了一个项目，研究了31个国家，本来以为欧盟一体化的进程可能会使教学教育上有更强的统一性、一致性，但看到最终结果，我们发现，情况并非如此。因为每一个国家的教育都是在本国框架下开展的，所谓的欧洲身份的统一性，还是很难实现。欧盟一体化还是正在进行时，这种现状也反映到历史课程上。总之，对我们来说，道路还很漫长。

图 12-7 欧洲议会：奥地利是欧盟 28 个成员国之一，克劳德·特朗贡摄

专家视野

从历史学、文化学角度看抗日神剧

——王卫星、李昕专访

采访者｜聂焘　荆文翰　孙洁

图 13-1 王卫星

图 13-2 李昕

王卫星，江苏省社会科学院历史研究所研究员、中国抗日战争史学会理事、南京大屠杀史研究会副会长、南京大屠杀史与国际和平研究院研究员、南京大学南京大屠杀史研究所兼职研究员、南京师范大学兼职教授，享受国务院政府特殊津贴，主要从事日本侵华史、南京大屠杀史和抗日战争史研究，出版专著和资料集多部，发表论文 80 余篇。

李昕，中国人民大学博士，中国社会科学院博士后，江苏省社会科学院哲学与文化研究所副研究员，南京大屠杀史与国际和平研究院研究员。主要从事文化哲学、历史哲学、文化记忆研究和非物质文化遗产保护研究，出版专著多部，发表论文数十篇。

《中国国家历史》(以下简称“《中》”)：目前在电视媒体圈，抗日题材的电视剧异常火爆。其中有非常优秀的剧目，但也不乏一些“剧情离奇”的电视剧，由此出现了“抗日神剧”的说法。您觉得什么样的电视剧算是“抗日神剧”？

王卫星（以下简称“王”）：“抗日神剧”的出现既是一种社会现象，也是一种文化现象。从历史学的角度来说，“抗日神剧”至少包含两个要素：第一，它描写的内容与中国抗日战争相关；第二，“神剧”实质就是“神话剧”，它既非现实，又非历史，仅仅是人们空想出来的一种愿望，或者一种神话。我想，这两个要素结合在一起就是“抗日神剧”。

李昕（以下简称“李”）：我赞同王老师的观点。所谓“神”，是指它在某些情节的设置或者表现方法上，超出了人类基本的认知水平，比如著名的“手撕鬼子”[1]。人真的能靠自身的臂力把人撕开吗？显然这是不符合基本常识的。出现这种违背正常逻辑的情节，基本上就可以称它为“神剧”了。这是“抗日神剧”发展的第一阶段，主要体现在故事情节不合理上，例如“包子雷”[2]和“手榴

[1] “手撕鬼子”：出自电视剧《抗日奇侠》，抗日战士徒手将一个日本士兵身体撕裂开。

[2] “包子雷”：出自电视剧《敌后便衣队传奇》，剧中人物在吃了一口包子之后，随手一丢，竟然炸了。

[1] “手榴弹打飞机”：出自电视剧《永不磨灭的番号》，剧中角色向天上扔了一颗手榴弹，竟把一架日本飞机打了下来。

弹打飞机”[1]之类的情节。之后开始出现的如《地下交通站》之类的影视作品，并没有超出人类认知水平的夸张情节，而是极度矮化日本侵略者，背离了真实的历史，这是第二阶段的“神剧”。而最近几年“抗日神剧”出现新特点：日本侵略军很“神”，既有能力，也很聪明，但是我们的抗日队伍更“神”，有超出人们想象的智商、武器装备和惊人的协调能力。这是一个既宽泛又有意思的剧种。

《中》：真实的中国抗战史是怎样的？

王：从时间上看，从九一八事变开始，抗战由局部战争发展到全面战争，再到抗战的最终胜利，历经十四年之久，故我们将其定性为“艰苦卓绝的抗日战争”。

这里的“艰苦卓绝”应该如何理解？中国人民在抗战中付出的牺牲，官方的说法是伤亡 3500 万人，这是第二

图 13-3 1938 年，徐州会战

次世界大战所有参战国家当中伤亡人数最高的。因为中国的抗战历时最长。当然，苏联的伤亡也很大，1965 年，勃列日涅夫在庆祝卫国战争胜利 20 周年的讲话中说，战争使 2000 多万苏联人丧失了生命。苏德战争是从 1941 年 6 月 22 日德军进攻苏联开始，直到 1945 年结束，前后历时 4 年，从时间上看比中国短。如果按照年均伤亡人数计算，苏联是最多的。但从总伤亡人数来看，中国是最多的。

中国伤亡最多，一是因为日本侵略军尤为残忍和野蛮，制造了南京大屠杀等一系列惨案，在中国华北实施“三光作战”等。二是日军战斗力较强。从武器装备来看，无论是中国共产党领导的八路军和新四军等抗日武装，还是国民政府军队，武器装备都远落后于日军，尤其是缺乏重型武器；从军事训练角度看，中国的军事训练与日本还存在较大的差距。日本军人必须经过军校正规学习和训练才能被任命为军官。级别高一点的军官，比如中佐和大佐，基本上都是陆军大学毕业的，即便是一般的下级军官，也要上陆军士官学校。日本陆军大学和陆军士官学校都是当时培养军事人才的著名院校。反观中国军队，受当时历史条件的限制，很少有人接受过正规训练。中国最著名的军校——黄埔军校，严格意义上讲，只是一种短期培训班，一期只有几个月，而日本陆军大学，一期则是数年。因为中国当时急需革命武装力量，所以部队极其缺乏军事人才，基本是培训几个月就奔赴战场。此外，还有一所相对正规的学校，即保定陆军军官学校，这所学校一期两年左右，不过与日本陆军大学相比还有很大差距。当时中国士兵的素质也不如日军。日军的军事训练非常规范和严格，有专业的操典。而我们的士兵，很多人都是文盲，甚至是以抓壮丁形式入伍的，没有经过专门的训练。在这种敌强我弱的情况下，这场战争注定一定是“艰苦卓绝”的。

2018 年是毛泽东《论持久战》发表 80 周年。毛泽东在《论持久战》

图 13-4 黄埔军校成立典礼，桌子正中站立者为孙中山

中写道：

日本的军力、经济力和政治组织力是强的，但其战争是退步的、野蛮的，人力、物力又不充足，国际形势又处于不利。中国反是，军力、经济力和政治组织力是比较弱的，然而正处于进步的时代，其战争是进步的和正义的，又有大国这个条件足以支持持久战，世界的多数国家是会援助中国的。——这些，就是中日战争互相矛盾着的基本特点。这些特点，规定了和规定着双方一切政治上的政策和军事上的战略战术，规定了和规定着战争的持久性和最后胜利属于中国而不属于日本。

有些学者在评价中国抗日战争胜利的时候，用了“惨胜”两个字，如马振犊老师写的书，书名就叫《惨胜——抗战正面战场大写意》。虽然我们最后获取得了胜利，但胜得很惨烈。

中国人民是在非常艰难的环境中与日本侵略军进行殊死战斗的，然而如此艰难的战争，按照“抗日神剧”的演绎，几乎变成了儿戏。如果有“手撕鬼子”的打法，中国人民的抗日战争恐怕3个月就打完了，还需要14年吗？顺着这个逻辑推理下去，那么好打的日军还打了14年，不是反证我方军队无能吗？表面看起来矮化了日军，实际上是贬低了自己。

图13-5 《惨胜——抗战正面战场大写意》书影

《中》：在您看来，为什么当代会不断出现“抗日神剧”？

王：电视剧有买方市场就有卖方市场，有人爱看，导演才会拍。如果收视率很低，没有人看，哪个导演会有兴趣去拍？拍收视率高的电视剧还可以增加广告收入。一定是有较大的市场需求才会有这种产品。这个可以从文化现象、观众心理和文化政策三个方面来分析。

从文化现象来看，有人喜欢看，这个文化产品才会应运而生。如果我们再深入思考，为什么观众会喜欢看？这就涉及观众的心理了。中国经历了艰苦卓绝的抗日战争，最终取得了胜利。我们的历史教科书在讲述1840年鸦片战争开始的近代史的时候，基本有一条主线，那就是中华民族的屈辱史。讲屈辱史的过程中，我们更多是在讲受害史。1840年鸦片战争，英国强迫中国签订第一个不平等的《南京条约》，此后还有一系列的不平等条约。中国始终处在受压迫、受奴役的地位，日本发动的侵华战争，使这种屈辱和奴役达到了顶点。我们的历史教育，实际上讲授的是中国受害的历史，在这一过程中，一些国人的历史认知容易出现偏差，进入误区，在内心埋下了“仇恨”的种子。当这种“仇恨”心理在现实中无法发泄的时候，人们往往希望通过虚幻的情境来满足自己的心理需要。手榴弹一抛，飞机就掉下来了，很解气。之所以有这么

图 13-6 南京静海寺中国近代不平等条约史料展，孙浩摄

多人喜欢看抗日神剧，与他们的“仇恨”心理有密切的关系。当然，我也看这类电视剧，更多是从研究的角度来看它，否则就无法知道问题出在哪里。

“抗日神剧”之所以屡禁不止，还有一个原因是此类影视剧前期审批程序相对宽松。随着对“抗日神剧”的批评日趋严厉，引起了社会各界及学界的广泛关注，主管部门也开始重视这一问题，收紧了审批制

度。此后，“抗日神剧”才开始逐渐减少。

李：我再谈一谈我对这个问题的看法和认识。关于大众文化心理的问题，这里说的是一个“解恨心理”问题，这是最重要的基础，也就是说大众需要情感的发泄。大概从20世纪90年代开始，荧屏上陆续出现“抗日神剧”，而这和我们国家的发展有着密切的关系。随着中国的日趋强大，国际地位不断提高，人们希望塑造的民族形象是优秀的、强大的、不屈不挠的，我们的国家一直都很顽强，很有能力。然而，14年抗战那么艰苦，与我们希望的形象反差巨大，因此很多人内心深处很不愿意认同这种形象，也不愿完全接受这段屈辱的历史。有的人认为当时的国人太窝囊，有悖于民族自尊心和民族形象的塑造。在这种情况下，谈到文化心理和抗日神剧之间的关系时，实际上是和我们国家综合国力的发展息息相关的。

历史教育的对象不仅仅是广大青少年，也不仅仅是历史教师，更重要的是全社会，所有公民都要对这段历史有正确的了解和认识。当对抗日战争历史有清晰认识的时候，就会产生一种敬畏之心，只有在此基础上进行的艺术夸张才会有尺度、有底线。但是，很多编剧可能对这段历史了解得不够深刻，对于战争的残酷认识不足，所以缺乏敬畏之心，进而“敢于”胡编乱造。正因为他们对这段历史不甚了解，才会这么做。因此，对于整个社会来说，树立正确的历史观，形成客观的历史评价和历史教育体系非常重要。

王：另外，最近几年“神剧”的频出，和中日关系的新动向也有密切的关联。20世纪六七十年代至20世纪80年代，并没出现“抗日神剧”。20世纪70年代，在中日邦交正常化的时候，受中国领导人邀请，不断有日本青年代表团访问中国。但是进入20世纪80年代，日本右翼势力抬头，掀起了一股否认南京大屠杀、美化侵略战争的社会思潮，这股错误思潮愈演愈烈，许多不了解真相的日本人受到蛊惑，认为南京大屠杀是中国人虚构的，从而激起了中国人民的强烈不满。特别是近几年来，日本右翼势力进一步抬头，更加激起了中国人民的义愤。这种义愤促使社会上一批“愤青”的形成。之前，网络上曝出两个年轻人在南京邵家山抗战碉堡前穿日本军装拍照，遭到广大网民的强烈谴责。两个

图 13-7 南京大屠杀现场，江边尸横遍野

年轻人的行为固然应该受到谴责和严肃处理，但是网络上一些人动辄喊打喊杀，纯粹从泄愤的角度出发去声讨，也是一种不健康的“愤青”心态。

如果今后日本政府能够深刻地反省历史，真正认识到日本军国主义犯下的战争罪行，向中、韩等受害国人民真诚道歉，相信会得到亚洲被

侵略国家人民的宽恕，到那个时候，“抗日神剧”也许就会失去市场。

《中》：“抗日神剧”盛行会带来什么影响？

王：历史研究的重要目的之一，就是要还原真实的历史，而“抗日神剧”则严重歪曲历史，起到相反的作用。

我们史学工作者的一些严谨的、学术性和理论性较强的著作或文章，读者相对（大众读物读者）要少一些，而影视作品的平台大，加上可视化的传播手段，因此受众面广。不得不承认，影视作品的影响力远远大于学术研究成果的影响力。学术界数十年的研究成果，也许在一夜间就被一部“抗日神剧”冲击得七零八落，甚至包括长期形成的基本历史认知，也可能在瞬间被完全颠覆。长此以往，这种“间接记忆”留给后人的并不是真实的历史，而是一种被人为扭曲的历史。当一个民族、一个国家对自己的历史不了解的时候，将是十分可悲和危险的。

之所以说它危险，是因为如果我们不了解真实的历史，就不可能从历史中汲取有益的经验教训。汲取历史经验教训是为了走好今后的每一步，确立我们今后前进的方向和道路。如果人们认识的仅仅是“神话”的历史，又怎能知晓当下和面向未来呢？

李：“抗日神剧”的危害，对那些正在形成世界观、历史观的孩子们来说，其负面影响是尤其大的。“抗日神剧”情节简单，往往充斥着“暴力”和“异想天开”的情节，孩子们很容易模仿里面的人物，进而用暴力手段解决问题。

《中》：老师们能否推荐一些优秀的抗日题材影视作品？

王：20世纪五六十年代的抗日故事片，如《小兵张嘎》《地雷战》《地道战》《平原游击队》《铁道游击队》等，这些经典作品，今天来看仍然是非常优秀的。前几年播出的比较火的电视剧《亮剑》，与“抗日神剧”相比，塑造的是与以往“高大全”式英雄不同的人物形象，总体看是比较真实的。作为影视作品，进行适当的艺术夸张是可以的，但不能超出一定的限度。如海外的影视作品，在涉及纳粹人物时，不会作为正面人物加以刻画，但也不会过分矮化和丑化，适当的反差是正常的、必要的，但是超出一定限度那就有悖于道德伦理了。

《中》：历史类影视剧在日常生活中似乎一直起到历史知识普及的作用。如《雍正王朝》《乾隆王朝》等，很多人看了以后都以为剧中情节是真实的历史，您怎样看待这种现象？您觉得这种形式的历史知识普及可不可取呢？

王：普通大众对于历史的认识，也许从镜头中了解得远比从学术著作中获得的多。很多人对清朝的了解，更多的是出自电视剧。我不反对对历史题材进行艺术化处理，使一些人物形象更具表现力，使一些情节更能吸引人，更扣人心弦。我也不反对做适当的艺术夸张，但是反对对

图 13-8 台儿庄大战纪念馆中的雕塑

重大历史背景和史实进行虚构和夸张。

重大历史题材，如与百团大战、平型关战役、台儿庄大捷、南京大屠杀等主题相关的影视作品，一定要尊重历史，特别是中日双方在历史认知方面还存在分歧的时候，艺术处理要尤为谨慎。在尊重历史的前提下，做一些场景的虚构，在人物内心刻画上增加一些情节，这没问题，但是增加什么样的情节、什么样的场景，要经过相关专家学者的论证和审核。随意虚构情节的负面影响是影视作品的制作方所无法预料的。如果影视作品中与南京大屠杀相关的历史背景和情节处理不当，很有可能给日本右翼势力制造把柄，陷自身于不利，影响我们在国际上的话语权。当然，要尽可能地还原历史，并不是说必须把一个故事片拍成纪录片，但是也不能过分虚构，尤其不能在重大情节上虚构。

李：的确，重大影视题材尤其要慎重。我想，有关抗日的影视作品的编剧应该把握两个原则，一是抗日剧不能出现常识性错误，二是慎重处理与重大历史事件相关的影视作品，否则的话，一旦出现问题就会造成无法挽回的后果。

图 13-9 乾隆正装像，清代宫廷画师绘

《中》：面对当下历史剧与历史事实不符的情况，历史研究者能够做些什么？

王：《戏说乾隆》之类的电视剧，历史学家没有必要去修正它，如果将其修正成历史，那就不是“戏说”了。这没有必要去较真，关键是看观众如何理解。我们不反对适当的历史夸张和虚构，但重大的历史事件不能虚构，细节的虚构可以接受，但不能颠覆整个历史背景。

要做到这些，必须在三个方面下功夫：第一，影视作品制作过程中要聘请一些历史学家作为顾问，有历史学家的把关可能要好一些。第二，片子出来后，在审片环节，历史学家也可以起到重要作用。历史学家参与审片并提出修改意见，也是纠正偏差的重要环节。第三，影视作品播出后，历史学家能做什么？社会学家、文化学家又能做什么？很简单，今天我们的访谈，本身就是历史学家、社会学家、文化学家所能做的正本清源的工作。通过各种媒体渠道，发出我们的声音，把正确的历史认知传递给大家，纠正被影视剧歪曲的历史事实，纠正被曲解的历史，把历史的真实展现给大家，这就是我们从事历史学、文化学研究的人所能做的事情，也是我们义不容辞的责任。

图书在版编目（CIP）数据

中国国家历史．拾伍 / 刘军主编．-- 北京 ： 东方出版社， 2018.11
ISBN 978-7-5207-0628-5

Ⅰ．①中… Ⅱ．①刘… Ⅲ．①中国历史 Ⅳ．① K2

中国版本图书馆 CIP 数据核字（2018）第 239025 号

中国国家历史（拾伍）
ZHONGGUO GUOJIA LISHI （SHI WU）

主　　编：刘　军
策划编辑：李　斌
责任编辑：王　璐
出　　版：东方出版社
发　　行：人民东方出版传媒有限公司
地　　址：北京市朝阳区西坝河北里 51 号
邮　　编：100028
印　　刷：南京新世纪联盟印务有限公司
版　　次：2018 年 11 月第 1 版
印　　次：2020 年 7 月第 2 次印刷
开　　本：787 毫米 ×1092 毫米　1/16
印　　张：13
字　　数：160 千字
书　　号：ISBN 978-7-5207-0628-5
定　　价：58.00 元
发行电话：（025）83598820